教出有出息的男孩

的男孩

家庭趣味教子

汪方 编著 刘晶 绘

江西教育出版社

JIANGXI EDUCATION PUBLISHING HOUSE

图书在版编目（ＣＩＰ）数据

家庭趣味教子. 教出有出息的男孩 / 汪方编著；刘晶绘. -- 南昌：江西教育出版社, 2019.5

ISBN 978-7-5705-0809-9

Ⅰ. ①家… Ⅱ. ①汪… ②刘… Ⅲ. ①男性－家庭教育 Ⅳ. ①G78

中国版本图书馆 CIP 数据核字(2018)第 286415 号

家庭趣味教子

教出有出息的男孩

JIAO CHU YOU CHUXI DE NANHAI

汪方　编著　　刘晶　绘

江西教育出版社出版

（南昌市抚河北路 291 号　　邮编：330008）

各地新华书店经销

江西新华九江印刷有限公司印刷

720 毫米×1000 毫米　　16 开本　　9.5 印张　　字数 140 千

2019 年 5 月第 1 版　　2019 年 5 月第 1 次印刷

ISBN 978-7-5705-0809-9

定价：25.00 元

赣教版图书如有印装质量问题，请向我社调换　电话：0791-86710427

投稿邮箱：JXJYCBS@163.com　　　　电话：0791-86705643

网址：http://www.jxeph.com

赣版权登字-02-2019-084

　　男孩是未来的男子汉。他们将来会承担一家之主的角色，同时也会成为社会的中流砥柱。他们肩上有着不可推卸的家庭责任和社会责任。因此，对于男孩的教育工作也是极为重要的。一个高尚而伟大的人，离不开家庭教育从小带来的深远影响；一个身心健康的快乐男孩，离不开父母的精心教育和培养。

　　遗憾的是，许多父母没有经过准备和思考就成了父亲和母亲，甚至在孩子出生之前，本身还只是个外表成熟、心智却不成熟的"大孩子"，因此只能在男孩的成长路上"摸着石头过河"，导致在教育男孩的过程中困难重重，严重者甚至还会走上弯路，不但没有教育好孩子，还影响了亲子关系的和谐。对此，父母们可以通过学习和训练，弥补在儿童教育上的缺失，了解如何教育出优秀的男孩，学习如何维系和谐的亲子关系，营造良好的家庭氛围。

　　男孩的世界让人着迷，在没有受到过专业训练的前提下，父母无法揣测男孩的内心世界，他们可能会充满疑问：为什么当年我的父母在我身上使用的那一套教育方法，在现在的男孩身上没有用？为什么我那个年代男孩那么坚强，但现在的男孩却如此软弱？为什么男孩会有这么自私的举动？为什么男孩不愿意和自己交流？……一系列疑问萦绕在父母心头，亟待解决。对于父母诸如此类的困扰，本书将通过漫画的形式给予培训生动的展示，对漫画中男孩的行为进行分析，辅以育儿心得，并从教育心理学的角度给出专业和诚恳

的建议。受困于男孩教育问题的父母可以结合自身的教育方法，整理出一套适合自身家庭特色的男孩教育方案。

建议父母与男孩一起阅读本书。在阅读的过程中，父母要为男孩解析漫画中的角色在不同场景下的行为所表达的意义。对父母而言，这是一个调整男孩认知行为的有效策略，可以帮助男孩以旁观者的视角，去客观地看待自己身上与之相近的行为，从而思考今后该如何调整。无论是模仿漫画中正面行为，还是摒弃漫画中的不当行为，都有助于男孩的心智成长。

本书可供没有任何教育心理学基础的读者阅读。文中尽量避免文字过于专业化，但是有时候一些专业术语是必需的，所以书中不时会出现一些较为晦涩难懂的术语，希望大家多一分耐心去理解和查阅。

感谢投身于研究儿童教育学、心理学的前辈们，他们留下了许多宝贵的理论和实践经验，启发我深入挖掘当今社会儿童教育实用的教育方法。倘若此书能引发已为人父母，或即将成为父母之人的思考，并因此制定出一套教育优秀男孩的方案，也算是我为教育事业的发展做出的一些贡献。

第一章
Chapter 1

原来我可以这么棒

- 没错，我是独一无二的
- 不试试怎么知道不行
- 请不要总骂我"不争气"好不好
- 别人家的孩子真有那么完美吗
- 只要今天比昨天强就行
- "自信"不是"狂妄"，别太看得起自己

没错，我是独一无二的

苏联教育家苏霍姆林斯基说："每个孩子都是一个完全特殊的、独一无二的世界。"身为父母，在男孩成长初期，应该引导男孩发现自己的与众不同，鼓励男孩在不违背原则的前提下，去做自己想做的决定，并为之坚持。这样，

男孩才能在父母的肯定中找到自信，成为自体感强的男孩。

在男孩的重要成长阶段，父母培养孩子的自体感是非常重要的。很多父母喜欢限制男孩的自由，事事为他做决定。甚至像漫画中的这对父母一样，要求男孩随大流或遵守一些所谓的规矩，这都会影响男孩的自体感的萌发。所以，父母应当改变这些做法，要允许男孩成为他自己，这种爱是父母对男孩的无条件包容与关怀。久而久之，当男孩形成健全的自体后，会有较高的自我认同感，能够体现出有主见、有自信、有志向等一系列品质。在男孩的自体感形成初期，来自父母的无条件理解与积极回应更是具有十分重要的意义。在这个过程中，父母千万不可对男孩盲目干涉，否则，会让男孩的自体感减弱，这对将来男孩独立人格的形成具有非常严重的破坏性。

父母还要注意避免在言语中对男孩刻意打压，打压式的教育模式会严重干扰男孩成为有活力的个体。在打压式教育中成长的男孩成人后大多没有创造力，自我表达能力较弱。同时他们从父母身上习得打压和否定的语言模式，在日后的人际交往中，往往会以父母的方式去否定同学和朋友。"否定式"交友模式会严重破坏男孩和同伴之间的友谊，严重影响男孩的人际关系。请不要等到男孩成人后再去痛苦地抱怨：为什么儿子没有一丁点儿的主见？为什么儿子这么内向？为什么儿子什么事都不跟自己说？为什么孩子整天待在家里一个朋友都没有？……这个时候父母应该反思，在男孩最需要引导的时候，身为父母的自己都说了什么，又做了什么。

所以，让我们从现在起，开始认真重视男孩的意愿和自体感。只要察觉男孩愿意表达自己内心想法，就积极地给予回应，同时要善于去分析男孩语言和行为背后的潜在需要，给予适当的引导与帮助，并耐心地和男孩交流，鼓励男孩做出自己的选择，并最终成为独一无二且充满爱的个体。

不试试怎么知道不行

开始步入小学校园的男孩，相比幼儿园时期，其心理发展和个性需求都出现了全新的特点。他们渴望探索新鲜的事物，不再满足于父母对自己事事包办。他们会要求自己做一些力所能及的事情，并尝试承担这些事情的后果。但是，此时的男孩毕竟能力有限，经验不足，他们在很大程度上还是要依赖父母的帮

爸爸，我想自己去拿牛奶。

真乖，可以给爸爸再拿一盒吗？

①

妈妈，我今天想自己和同学一起上学。

好，你可以试一试，妈妈会在后面看着你

②

妈妈，我太累了，不想爬上去了。

再试试吧，你可以的。

妈妈，我害怕，我不敢走在这个上面。

我们试着走一走吧，不试怎么知道不行呢？

③

④

助和引导。对此，父母应当有正确的认识，要根据男孩不同的成长阶段，拿出不同的应对策略，将男孩由"全依赖"状态，调整到"半依赖"状态，在"部分放权"的前提下，给男孩选择和决定的权力。

不仅如此，父母还应鼓励积极尝试，让男孩做一些力所能及的事情，在获得成功后，父母就要给予充分的肯定，这会增强男孩的自信心和自豪感，能够引导他勇敢接受更多的挑战。

当然，在引导男孩的时候，也不要给他太多的压力。如果他流露出了畏难情绪，父母可以鼓励，使他产生勇气。但千万不能用语言讽刺、挖苦他，说他"不够勇敢"，以免伤害他的自尊心。要知道，男孩的每一次尝试，都是一次非常棒的成长印记。当男孩拒绝做出尝试时，父母可以采取适当的"诱饵法"，告知男孩尝试可能会迎来不一样的体验感，以增强男孩勇于尝试的动力。例如："坚持爬到山顶，我们不仅能看到美丽的风景，呼吸到新鲜的空气，妈妈还有额外的小惊喜给你。""爸爸相信你可以走过这条栈道，如果你依然很害怕，爸爸可以陪你一起走过去，我们一起去看看那边是不是有更好玩的地方。"以上这些语言模式都可以很好地引导男孩产生好奇心，从而产生推动力，促进男孩积极尝试，最终克服困难和恐惧。

如果男孩主动提出尝试，更是极好的教育机会，父母若善于把握，并适当引导，就可以逐步培养出男孩勇敢、善于坚持、不惧困难的品质。反之，如果在男孩愿意尝试的时候，父母盲目阻碍与控制，就会抑制男孩的发展，使男孩得不到很好的成长空间，这是一定要注意避免的。

请不要总骂我 "不争气" 好不好

　　男孩顽皮捣蛋不爱学习是让父母最苦闷的事情，很多父母也会因此把"不争气"之类的话语挂在嘴上，动不动就骂孩子："你怎么这么不争气！"这种情况其实是父母过度焦虑的一种体现。父母困扰越多，压力自然越大，焦虑感随之而来。当父母把内心的焦虑感投射到男孩身上的时候，语言过激是难免的行为。

　　大部分父母压抑了男孩玩乐的天性，认为除学习之外的事情都是无意义，但男孩只有在玩耍的时候才能感到童年的真正快乐。所以在日常的生活中，父母也

一小时后

对不起，刚才妈妈那么说有些过分。妈妈是爱你的，只是认为你可以做得更好，所以说话有些太急了。

① 你在学校的表现让妈妈很丢脸，你太不争气了！

没关系，妈妈。我也做得不够好，以后在学校我会听老师话的。

觉得我丢人，就别管我了！

② 这次，您的孩子进步真的很大，以前上课总是开小差，现在专心听讲，成绩提升了许多，老师们都感到特别高兴。

谢谢您，老师。

③ 妈妈一直就相信你可以做得更好。老师今天表扬了你，妈妈真为你感到高兴啊！

谢谢妈妈！我也是现在才发现，原来我这么棒。

④

要试着去体会男孩的心情，要考虑到他们的天性，多给他们一些耐心和谅解。

父母可以尝试把自己对男孩的所有要求转变成期待，这样的心态转变是非常有必要的。因为人都是一样，当要求没有被满足时，会产生愤怒的心理。父母也是人，也不例外。

父母的愤怒感来自要求被男孩拒绝，却无法平抚内心受到的伤害，抑或是不愿意面对潜意识里因拒绝而产生的失落，只好通过愤怒的语言和行为去表达被拒绝的不满。常见的愤怒表达方式是通过语言打击男孩，比如漫画中的妈妈指责男孩"不争气"。这种行为非常不可取。父母要及时调整自己的情绪，在指责男孩，骂男孩愚笨、毫无用处时，请问问自己：我爱我的孩子，还是爱他的成就？我爱我的孩子，还是爱孩子给我带来的荣耀？要知道，孩子本身比孩子的成就和荣耀更为重要。父母需要及时转变自身的观念，视男孩本身为主要的，视男孩的荣耀为次要的，理性地将对男孩的要求调整为期待。

与苛刻的要求不同，期待意味着尊重男孩的内心世界。期待的潜台词是：爸爸妈妈希望你这么做，但是我们不会勉强你。当然，如果你这么做了，爸爸妈妈会感到非常开心。这会让男孩更容易接受，同时也会为父母减少很多压力，不会让双方变得更加对立。

比如，对于过分顽皮、不认真学习的男孩，父母就可以将"你真不争气"的说法改为"你拒绝爸爸妈妈对你学习上的期待，让我们感到很难过。"当父母坚持以"我讯息"表达时，男孩对父母的情感会加倍在乎。因为，没有一个男孩是不在乎父母感受的。例如漫画中，当母亲与男孩真挚交流以后，男孩了解到母亲对自己的爱与期待，下决心改变自己在学校贪玩的行为，从而赢得了老师的肯定与赞誉。漫画中呈现的正是母亲以"我讯息"表达期待之后，取得的意想不到的收获。

每一位父母的初心是善意的，是为了男孩的美好前程。但是，父母需要明白，只有当男孩感受到来自父母的爱时，才会具有前进的动力。父母的理解与支持好像是在海面翱翔的信天翁拥有的那双坚实的翅膀，能让男孩在逆风中勇往直前、毫不畏惧。

别人家的孩子真有那么完美吗

很多父母常常有个误区，喜欢拿"别的同学""别人家的孩子"作参照物，去给男孩施压，以为这样可以刺激男孩去超越"别人家的孩子"。其实很多时候，这样频繁的比对，更多是给男孩带来伤害，会让男孩产生消极心理，开始怀疑父母是不是不爱自己，是不是自己真的不如别人。

任何事情皆是"过犹不及，事缓则圆"。父母望子成龙的急切心情可以理解，但是为男孩的成长一直盲目地"踩油门"实在不是明智之举。这不但不能帮助男孩进步，还容易起反效果，造成男孩成长的阻力。像这种试图用"别人家的孩子"来刺激男孩的做法就是一例。

当父母第一次用"别人家的模范孩子"与自己家的男孩进行比较时，男孩或许会接受这份比较，甚至内心可能会有些许内疚，觉得自己辜负了父母的期望，会产生些许动力，这动力源于男孩对父母的爱与责任，是他不希望父母因为失望而难过。倘若父母借男孩对自己的爱"大做文章"，疯狂地拿"别人家的孩子"来进行比较，男孩会觉得受到了伤害，开始怀疑自己，进而会怀疑父母的爱，并会滋生自卑感。不仅如此，由于每个人都有自我保护的潜意识，为了保护自尊心不受伤害，男孩会启动自我保护机制，很多时候会通过愤怒的态度或漠视的情绪向父母反击。

19世纪一位伟大的作家曾说过："我能坚持我的不完美，它是我生命的本质。"看来，"完美"与"不完美"一直是永恒的话题，它左右着我们的生活态度，影响着我们的所思所感、一言一行。那么，世界上真的有所谓的完美吗？想必各位父母一定都深谙于心——世界上没有完美的人或物存在，万事万物一定存在瑕疵。当父母以追求完美的心态去要求男孩时，是否有问过自己：我们是完美的父母吗？

每一位父母都是从孩子成长起来的，然而长大成人的我们不停地忙着向前走，却忘了回忆小时候的我们是如何成长的，以至于无法从自身的成长经历中提取有效的教育经验。事实上，不论我们小时候处在什么样的原生家庭，当年的我们一定都希望父母可以包容自己的不足之处，并敞开怀抱接纳自己。那么，您眼前的男孩，也一定对父母心怀这份期待，所以千万不要让他失望。

在包容男孩不足的同时，父母要善于发现男孩身上的闪光点。就像漫画中的对白所表达的：每个孩子都有擅长的和不擅长的事情，每个孩子都是他人眼中的"别人家的孩子"，父母只是缺少了一双善于发现的眼睛，才会错过自家男孩身上"最美的风景"。

只要今天比昨天强就行

　　我们可以在脑海中想象一颗种子，想象着它发芽、生根，一步一步生长的过程。男孩的成长过程也是如此。从呱呱坠地到牙牙学语，从嗷嗷待哺到跌跌撞撞地长大，在这个过程中，父母是孩子最好的观察者和陪伴者。只要父母善于观察，就会发现男孩每一天都在进步，每一天都和昨天不一样。

　　当看到男孩的变化时，身为父母会感到欣喜万分，这样的快乐是任何事情都无法比拟的。而男孩的每一点进步，也需要父母的陪伴，需要被父母看见，需要被父母鼓励，需要被父母肯定。这会让男孩变得更加积极和自信，会激励他取得更大的进步。

例如，父母想要培养男孩养成早起锻炼的习惯，就不能急于求成，而是要关注男孩的每一点进步。起初男孩需要一个适应的过程，在此期间，男孩的每一次锻炼，父母都应积极给予肯定，并告知男孩，"你坚持一天，就比你的昨天进步一点。"要让孩子明白，父母是欣赏并肯定自己的努力的。这会大大提升男孩早起锻炼的积极性，最终达到"习惯成自然"的状态。

在男孩成长进步的这个时期，作为父母最好的教育方式是：

1.持之以恒地培养和训练男孩的生活自理能力，让男孩进行力所能及的家务劳动，以体现他们"很能干"的价值感。父母要善于强化男孩的正向行为。例如漫画中的男孩积极帮助父母做家务，并从父母口中听到"懂事"的赞许，就会使男孩生出自豪感，从而可以鼓励男孩持续做家务的积极性。

2.了解男孩的特长和优势，创造条件，有针对性地培养其认知方面、艺术方面或其他方面的才能，使男孩获得成就感。漫画中这位老师就做得很好，她能敏锐地发现男孩在美术课上的进步，并不吝惜赞美，让男孩在绘画方面的才能得到了充分肯定，使男孩对于绘画学习充满了自信心。

3.采用民主型教育是培养男孩在幼儿期自我认同的重要前提，父母采用这样的教育方式，以商量的形式与男孩多做沟通，了解他的想法，尊重他的行为与表达，并进行引导，可以加强男孩的自我意识和自我认同感。

总之，父母通过帮助男孩发掘自我价值、自我优势，使其顺利地度过成长阶段每一个"进步"的节点，从而形成"努力令今天比昨天强"的正向思维观念，将为以后男孩的个人发展奠定良好的基础。

"自信"不是"狂妄"，别太看得起自己

部分男孩在某些学习能力或是特长技能上获得些许成绩后，便会骄傲自满、目中无人。这类男孩的典型表现是不尊重长辈的意见和看法，打击"不如"自己的同学、玩伴，往往摆出一副全世界唯我独尊的架势，自以为了不起，盛气凌人。男孩这类妄自尊大的表现需要引起父母重视，父母需要及时探寻原因，对男孩做出正确的引导。

① 听说你围棋比赛获奖啦，能教教我们吗？

你们别妄想了，得像我一样聪明的人才能学好围棋呢。

爸爸认为这步棋放到这个位置会更好。

不要你教，我知道怎么下。

② 第二次围棋比赛后

没关系的，胜败乃兵家常事。汲取教训下次再战。

我竟然输了，一直以为自己一定会赢。

自信要和虚心相辅相成，人才能真正进步。古语"虚心万事能成，自满十事九空"，讲的就是这个道理。你能明白吗？

④

③ 嗯，爸爸说的对，这次是我太骄傲自满了，我以后不能这样了。

在男孩的成长过程中，由于过度自信而引发狂妄的例子不在少数。这种类型的男孩与同伴相处得并不好，因为在所有的事情上他们都想扮演领导者的角色，而不愿意遵守一般的游戏规则。这样的结果便是，他们不愿意和大家一起玩，对同学们傲慢无礼。这一直是令父母非常头疼的问题，他们担心男孩因为狂妄自大、目中无人而在进入社会以后栽跟头，受不住挫折和打击。

因此，父母要对男孩及时引导，使他主动认识到自己的错误。当男孩意识到自己过于傲慢狂妄时，会有个慢慢调整的过程。在这个过程中，父母切勿急躁，不能采取盲目否定的态度。父母应客观看待男孩的表现，要分清自信和狂妄之间的区别和联系：自信是对自己才能的正确估计，从而产生对自我的充分信任；狂妄是毫无根据的盲目自信，会产生自高自大的幻想。狂妄源于自信，是一种信任自我的极端表现。父母在打压男孩的狂妄的同时不可"误伤"了他的自信，应判断男孩的行为是适度的自信，还是过度自信的狂妄。适度范围内的自信是可取的，是值得表扬的。父母切忌因为误判而影响男孩健康的心理发展。

漫画中的这个男孩一开始就有狂妄自大的坏毛病，他的父亲很擅长做思想工作，选择在他遭受挫折，内心总结经验教训的时机，正确引导男孩明白自信与谦虚相辅相成的道理，男孩经历过骄傲自满之后，对谦虚品格有了深刻的认识，就会改变自己的狂妄态度，成为谦虚有礼的人。

父母还可以有意地培养孩子的良好行为。如：见到长辈展现出尊重的态度，和同学们友好相处；在自己擅长的领域帮助他人时体现出耐心；面对属于自己的荣誉谦虚而坦然等。当男孩表现出以上行为时，父母应给予及时的肯定，并进一步强化男孩伴随着自信的谦虚行为。久而久之，男孩会意识到原来"自信而谦虚"比"傲慢而狂妄"更能让自己感到快乐，从而可以坚持下去，并将其内化。

第二章
Chapter 2

"淘气包"变身"小绅士"

- 撒谎太辛苦，还是做个诚实的孩子好
- "淘气包"也有一颗同情心
- 出口成脏 vs 彬彬有礼
- 不做自私的吝啬鬼
- 幽默的小绅士更讨喜
- 学会宽容，不做"小心眼儿"
- 从"随心所欲"到"把握分寸"

撒谎太辛苦，还是做个诚实的孩子好

　　谎言可以满足男孩的特定心理需要：可以避免他在犯错误时遭到来自父母或老师的批评，同时可以在某些事情上赢得同学们的羡慕与赞美。所以有的时候男孩撒谎并无恶意，他只是在不断地重复体验撒谎所带来的心理满足感：不被父母责骂，被同学们拥护……此时男孩的内心是想让自己在父母和同学面前保持良好的形象，虽然采用的办法是幼稚和不可取的。

如果一个男孩有几次撒谎，父母和老师通常就会对他产生偏见，认为他无可救药，从而把男孩越推越远，导致男孩自我疏离。所以父母和老师看待男孩这一问题须保持客观，不要刻意放大男孩撒谎的严重性，也不要用打骂、训斥来教育撒谎的男孩，以免激发他的逆反心理。

我们也不能指望男孩能告诉我们，他为什么会撒谎。对人类本性有着深刻了解的苏格拉底有句名言："认识一个人的自我是多么的难啊！"成人尚且，我们有什么权利要求一个儿童回答这么复杂的问题呢？所以，当男孩撒谎时，无须刨根问底问他们为什么会这么做，因为他们自己很可能都不知道自己为什么这么做。就算迫于父母的权威作答，也根本表达不出他内心最真实的感受，父母一再的逼问反而会破坏亲子关系。

那么，该怎么解决男孩撒谎的问题呢？父母可以尝试"表里如一"的训练，它可以帮助男孩接受真实的自我。在这种训练中，父母应当以身作则，给孩子做出最好的榜样——心里怎么想，嘴上就怎么说，让男孩逐渐习惯如实地表达心意。这种训练最大的意义是能够化解撒谎带来的心理负担。父母一定都听过"一个谎言需要更多的谎言来圆"这句话。是的，撒谎是辛苦的。谎言就像在男孩肩上加了一块石头，谎言越多，石头会越变越大，直到不堪重负。只有当男孩尝试讲真话，体会到真话带来的力量后（即把肩上越来越大的石块卸下，从此以后男孩不再需要扛着大石块前行），才能踏着轻松的步伐成长。

"淘气包"也有一颗同情心

　　父母总为男孩的淘气而苦恼，其实只要善加引导，"淘气包"也会被激发出美好的品质，会变得十分懂事，让父母也感觉十分欣慰。

　　那么，该从什么方向进行引导呢？培养男孩的同情心是一个不错的方法，父母可以让男孩试着体会他人的感受，这会让他的内心变得更加善良。

当男孩拥有一颗同情心后，他会为他人的不幸感到悲伤，并会自觉地伸出援手，希望可以为他人做一些事情。这样的男孩会展现出一种"绅士气质"，会赢得他人的信赖和赞赏。更高层次的同情心则不仅仅是为他人的不幸感到悲伤，而是对他人的一切感受具有觉察力，也可称之为高度"情感共鸣"。

父母在培养男孩的同情心时，可以将"设身处地"作为切入点。例如：当男孩和别的同学打架时，或遇到其他不开心的事情时，家长可以问问孩子："如果你被骂了，你会怎么做？""如果是你受到这样的委屈，你会是什么反应？""如果你是对方，你希望别人怎么对你？""如果你是妈妈，你想听到孩子说什么？"像这样提一系列问题，引导男孩设身处地地为他人考虑，就能提醒男孩照顾他人的感受，可以很好地培养男孩灵敏的情感感受力，使男孩拥有同情心和情感共鸣的能力。

当男孩的同情心展现出来时，说明他们已经到了自我塑造的主动期，他渴望自己成为非常好的人。这段时期的男孩，会积极地同情身处困境的人，有时看到一些社会性灾难事件都会让他难受好久，希望自己能给予力所能及的帮助，对此父母一定要给予支持和鼓励，要让男孩知道自己的想法和行为都是正确的、值得肯定的，他就会变得更加善良富有同情心。

此外，父母还可以提醒男孩多关注家人的感受，让他学着孝敬父母、尊重长辈，平时多为家人考虑，懂得照顾家人的情绪。这也是一种良好的同情心的练习，只有先照顾好朝夕相处的家人，才能将同情心覆盖的范围扩大到家庭之外，去关心体贴更多的人，也才能够让粗枝大叶的"淘气包"成长为人见人爱的"小绅士"。

出口成脏 vs 彬彬有礼

可能许多父母都遇到过这样的情况，某一天男孩从幼儿园或者学校回来时，嘴里突然蹦出一句脏话，让人措手不及。接下来的日子，男孩在"出口成脏"这件事上似乎压根儿没有收敛的趋势。父母一下子不知道该如何应对眼前这个棘手的问题，开始担心男孩再也不是那个彬彬有礼的小朋友了，还有很多父母因为无法接受男孩突然的变化，又制止不了，就会感到焦虑不安。

脏话是什么？很多男孩其实并不清楚。大部分时候，他们只是把脏话当作语气助词或者当作玩笑话使用。男孩也不会无缘无故地开始说脏话，脏话从来都是从周遭环境中习得的。父母可以尝试弄清楚脏话是从小朋友身上习得的，还是父母在不经意说脏话的时候被孩子捕捉到并且效仿的。如果源头来自受教育的环境，父母可以和老师交流，反映情况，让老师在学校里引导和纠正说脏话的问题。同时父母也要注意自身的语言习惯，不要把粗鲁无礼、刻薄的语言带入家庭生活中。只有外界环境中"出口成脏"的问题得到控制，男孩的语言模式才能得到重新调整。

如果父母无法像漫画中那样顺利地引导和纠正男孩"出口成脏"的语言方式，那就可以采取如下办法，即在最短的时间内让男孩看到说脏话的"后果"。比如，对男孩说："只要你讲脏话，我就不理你。"而且一定要严格执行。这会让男孩明白说脏话是一种不好的、不文明的行为，会受到相应的惩罚，还会付出一定的"代价"，会让自己成为大家讨厌的对象，就连父母也会不理睬自己。这样男孩才会自觉地停止说脏话的行为。然后，父母可以对男孩进行适当的教育，帮助他学会文明礼貌，提升个人素养。当男孩的素养得到提升后，又会再次体现在行为上。这便是外在行为和内在修养相互作用的力量。最后，男孩可以通过重复不间断的以礼待人的行为，建立出高素养的自我。

孔子云："质胜文则野，文胜质则史。文质彬彬，然后君子。"又云："不学礼，无以立。"这体现了广义的礼的重要性。狭义的礼仪强调人与人之间相处要注意分寸，讲究不卑不亢的态度。无论是广义的礼还是狭义的礼，都讲究推己及人。父母在教育孩子懂礼的同时，也不要忘了教育他去影响身边的人讲礼、守礼，一起共建和谐文明的生活环境。

不做自私的吝啬鬼

　　没有人会喜欢吝啬、自私的人。"吝啬"从字面意思上理解为小气、怕吃亏。吝啬表现在语言上常常是："都是我的""我要最大的""我要最好的"……单单从字眼儿上我们便可以感受到那股来自男孩内心深处浓浓的自私自利的气息。父母此时再加上一句戏谑——"我的儿子是霸道总裁"，配上前仰后合的大笑，无疑是在鼓励男孩对自身吝啬的合理认知。男孩会误认为自己的言行是正确的，那他就会变本加厉地做一些吝啬的事情，形成吝啬的性格。

男孩为什么会形成吝啬的性格呢？通常情况下会有以下原因：耳濡目染受身边环境的影响；父母和家人的溺爱，男孩把"独食"合理化；从未体验过分享的快乐；在家里的要求长期不被满足。

如何帮助男孩调节好自身的"适度功能"，让吝啬的男孩逐渐慷慨大方起来呢？

1.这当然离不开父母的以身作则了。首先父母们要做到慷慨待人，通过行为影响男孩的思维模式。如借东西给邻居，能主动把好的事物分享给周围的人，乐意帮扶比自己贫困的人等。男孩对这些看在眼里，记在心里，会在不知不觉中模仿父母慷慨待人的行为模式。

2.父母可以运用男孩身边的资源来影响男孩。在男孩的小伙伴中寻找慷慨的榜样，鼓励孩子多结交这样的朋友。

3.父母要善用文学艺术作品去熏陶男孩，帮男孩建构健康向上的人生观、道德观、价值观。许多电影、书籍、网络文章都塑造出无数慷慨大度的主人公形象，父母可以利用亲子相处的娱乐时光，为他灌输慷慨的意识，从而转变他的观念。

4.慷慨的品格是在不断强化分享行为中形成的。在生活中，父母不要错过任何一个锻炼男孩分享的机会，如零食不能"独享"，要分享给家人和小伙伴们；玩游戏时，鼓励男孩把玩具分享给其他的小伙伴；等等。训练男孩分享的意义在于：让男孩心中有他人，而不仅仅是自己。

需要注意的是，父母在训练男孩分享的过程中，要对孩子的分享行为表达肯定和赞美，以强化男孩的慷慨行为，使他从此告别吝啬、自私的坏毛病。

幽默的小绅士更讨喜

　　德国伟大的思想家、哲学家恩格斯如是说："幽默是具有智慧、教育和道德上优越的表现。"

　　在人际交往中，幽默感可以为男孩带来沟通的便利。幽默的语言可以化解尴尬的气氛，缓解学习的压力和竞争的痛苦，增进并维系朋友之间的友情，为身边的人带来快乐和欢笑。正如恩格斯所言，幽默是一种智慧。那么，怎么培养男孩的幽默感呢？

①

处罚你是因为我爱你，孩子。

但我不想得到这么多的爱。

妈妈，你知道谁的牙根是黑色的，而牙齿是白色的？

不知道，儿子，是什么呢？

哈哈，是钢琴！

②

你知道《新华字典》究竟有多少字？

"新""华""字""典"，不就四个字吗？

③

我真不想上学。

你上，或者不上，学校就在那里。

④

1.父母首先自身要是富有幽默感的人，其次是能欣赏他人的幽默感。我们可以想象一个情景：男孩尝试幽默表达的时候，倘若得到的是父母的冷淡回应，抑或父母根本没有领会男孩是在展现幽默感，男孩会下意识地认为幽默是"无用的"，因为幽默并不能给父母带来快乐，自己也不能在父母那里得到认可。这是多么的可悲，所以，父母应在男孩展示幽默感的时候给予积极回应（认真倾听，发自内心地感到愉悦），男孩就会大受鼓舞，会更加乐于表达自身幽默感。

2.乐观积极的心态是男孩获得幽默感的基础。父母要教育男孩学会乐观地面对生活，特别是遇到不开心的事情时，要鼓励他从乐观的角度考虑问题。只有保持长期正向的思考模式，才能培养男孩乐观积极的心态。父母亦可借助文学作品影响男孩，许多文学作品中的主角都具有积极乐观的精神，无论遇到多大的困难，他们都能无所畏惧、积极地面对人生。父母可以多通过这些文学作品中的人物形象去影响男孩，让他乐观面对生活。

3.父母需要培养男孩的语言表达能力，帮助男孩储存大量的幽默词汇量（带男孩观看喜剧电影，是个很不错的积累幽默词汇量的方法）。在拥有大量的幽默词汇量的前提下，父母可以教男孩灵活地使用大量的比喻手法，或用诙谐的方式表达，会让他的话语变得更加幽默有趣。

4.自嘲也是幽默的一种很重要的表现形式。真正幽默的男孩拥有强大的内心，自信有风度，不怕他人嘲笑，也敢于自嘲。如：自习课上，某个智力抢答题难度系数较高，男孩不小心出错，便自嘲道："哎呀，我简直比'猪二哥'还笨呢！"一旁的同学纷纷大笑，觉得颇为有趣，但是内心里，没有一个同学会认为男孩是真的"笨"，毕竟这道题的难度大家是有目共睹的。但是这个男孩的自嘲，让现场氛围活跃起来了，同学们参与解答的积极性也高涨了起来。

父母可以从以上几个方向去培养男孩的幽默感，这有助于他们在生活中"如鱼得水"，成为人见人爱的幽默小绅士。

学会宽容，不做"小心眼儿"

如果说"怕吃亏"是男孩行为上的吝啬，那么"小心眼儿"就是男孩思想上的吝啬。生活中不少男孩习惯以自我为中心，自尊感过强，敏感脆弱，脾气火爆，喜欢用愤怒来控制局面，以此证明存在。

对此，父母应当有足够的重视。男孩小时候如果与包容心绝缘，习惯性肆意妄为，同时父母又不加以阻止和规劝的话，这类男孩长大以后的破坏性是非常强，也是非常危险的。

男孩虽然年纪小，但是他们早已学会对不同的人群进行分类，随着年龄的增加，他们对待不同的人群也会有不同的态度。如，伤害到自己利益的人，男孩往往会表现出愤怒；不在自己审美框架内的人，往往会遭到男孩的"嫌弃"。这些直接的情绪表达，是男孩不够宽容和小心眼的最初迹象。父母在此时该怎么做呢？可以尝试使用漫画中奶奶的办法：用权威人物的故事去影响男孩。这个权威人物可以是男孩的父亲（在童年期父亲总是充当男孩的偶像），可以是某些故事里的英雄人物（男孩总是乐此不疲地模仿英雄人物的一切，想要通过模仿的行为从心底接近英雄，并成为英雄）。父母经常讲一些发生在权威人物身上的正面例子，男孩就会收到感染，会自觉改变自己的错误做法，逐渐变得宽容、大度起来。

另外，父母还应注意到，偏见是阻碍男孩宽容的绊脚石。父母需要教导男孩认识人与人之间的差异性，并允许这种差异性的存在。可以这样引导他们可以参考："孩子你知道吗？人和人的习惯是不一样的"，"没有人是完美的，可能他们会有缺点，但是也一定有可爱的一面"，"有的同学粗心大意，有的同学小心谨慎""有的人喜欢闷不作声（内向行为之一），有的人喜欢夸张地引起他人的关注（外向行为之一），但这都是正常的"，"有的人会喜欢我们，有的人会讨厌我们，这是无法避免的"等。以上的话语皆是为了帮助男孩，以客观的态度去审视这个世界，逐步远离偏见，形成宽容大度的品质。

当男孩开始用豁达的心境去为人处世事，他们离父母期望的优秀男孩又迈进了一大步。父母有时会惊喜地发现，男孩变得更加懂事了，而这就是宽容产生的力量。

从"随心所欲"到"把握分寸"

　　父母需要训练男孩的分寸感，让他们控制自己的言行，使语言和行为恰到好处，合乎人际交往的需要和特定场合的需要。这种训练可以从关照他人感受开始，让男孩思考自己的言行是否能给他人以愉快的感受，他才会逐渐形成做人做事所必备的分寸感。

　　分寸感可以约束男孩过度的行为，如漫画中的男孩去同学家玩忘记了时间，导致母亲心急如焚，是男孩忽略应有的分寸感的体现。分寸感是一种类似

于防线的东西，当男孩丧失分寸感，防线崩塌或者防线不曾成功建立，就会显得随心所欲，会有一些顽皮、失控、自私的行为出现，父母难免会随之产生一种彻底失控的无力感。

对此应该怎么处理呢？漫画中的母亲的做法是非常可取的，这位母亲并没有在第一时间责骂男孩，而是理性地表达自己内心感受：妈妈很担心你，妈妈想知道你的行踪，妈妈希望你能早点儿回家吃饭。

这种正面的情感表达是建立良好亲子关系的核心办法，我们在不同的章节中反复提及，是因为它是亲子关系建立不可缺少的最基本办法，适用于任何亲子问题。

母亲正面传递一系列的情感讯息给男孩，能帮助男孩从母亲的感受中读取约束自己行为的办法：1. 这次没有提前知会母亲而导致母亲担忧，所以以后出去玩要打招呼；2. 母亲在等我吃饭，如果我很晚回家，她会感到难过；3. 下次出去玩要提前和小伙伴约定好时间，不能玩得忘乎所以。

就这样，在母亲表达了自己内心的希望以后，男孩再次赴约的时候便掌握了分寸感，会告知同学："我可以去，但是不能太晚哦。"男孩这样做的好处在于重新塑造了和同学的相处模式：玩乐的时间是有限制的，是需要有分寸的。不经意间，一位富有分寸感的小绅士便诞生了。

这个例子也提醒了广大父母，不要忽略对男孩的分寸感的培养。拥有了分寸感，男孩的言行会更加得体，不会出现不顾他人感受、随心所欲做事的问题，父母教育男孩的压力也会大大减轻。

第三章

C hapter 3

让我自己做，我能行

- 滴自己的汗，吃自己的饭，
  自己的事自己干
- 别再把我当小孩子看啦
- 爱顶嘴不一定是坏事
- 小心那些温柔的"陷阱"
- 外面的世界很精彩
- 我能解决问题，也能保护自己
- 我是爸妈的小帮手
- 我也是家里的小小顶梁柱

滴自己的汗，吃自己的饭，
自己的事自己干

在生活中如同漫画中的男孩能坚持"自己的事情自己做"是非常难得的，因为在日常生活中来自父母的"帮助"是无时无刻不在的，这些帮助是"舒适的""快捷的""简单的"，但也会破坏男孩的独立性，容易滋生依赖感。父

这碗你洗不干净，妈妈洗。

妈妈，自己的碗要自己洗。

① 乖，妈妈喂你吃饭。

妈妈，我想自己吃饭。

②

妈妈，我会自己收拾房间了

妈妈帮你系。

妈妈，我会系鞋带了。

③　　④

母喜欢事事代劳，一方面是出于对男孩的疼爱和呵护，另一方面也是对男孩能力不放心、不信任，总觉得孩子还太小，什么都干不好。可是，父母这样下去却会成为男孩通向独立自主的道路上的阻力，让他需要付出加倍的努力和坚持才能开始独立。

每个人都具有惯性思维，男孩更不例外。父母提供的"垄断式服务"会让孩子丧失自我完成工作的能力。男孩会认为所有的事情父母都会替自己完成，自己不需要付出也可以享受成果，因而会逐步形成依赖性人格。

事事依赖父母的男孩是非常可悲的，他们缺乏自信心和安全感，遇事不会独立思考，总想着要让父母帮着拿主意。更糟糕的是，如果他们在生活和学习上遇到了一丁点困难，马上就会萌生退意。他们不会想办法克服困难、解决问题，而是会躲在父母身后，任凭父母为自己"出头"。可想而知，这样的男孩在长大成人后也经不起风雨，扛不住挫折，难以成为顶天立地的男子汉，最终无论男孩还是父母，都不得不吞下苦果。

因此，父母应当适当放手，让男孩"滴自己的汗，吃自己的饭，自己的事情自己干"，减少依赖，从而培养出独立自强的孩子。

不过，父母在教育孩子独立时，也不可完全撒手不管。在人生的道路上，每个人都会遇到麻烦，自立能够增强男孩的勇气，但不意味着要拒绝父母的一切帮助，父母要教导男孩因"事"制宜，合理分析自己的能力和事情的难度。漫画里生活中的"力所能及"的事情自然需要男孩自主完成，如果超出男孩能力范围的，在获得来自父母和同伴的帮助时，男孩应表示欢迎和感谢。

别再把我当小孩子看啦

"你在我心中永远是个孩子呀！"是啊，在父母眼里，无论男孩是否长大，在父母眼里都只是个孩子，他们的行为总是看起来那么幼稚、那么可爱。

无论男孩是否开始主动学习、主动完成作业，无论男孩是否已经意识到注意卫生的重要性，无论男孩在吃饭的时候是否会按自己的喜好选择饭菜，在一些父母眼里，男孩的这些转变并不意味着什么。这类父母依然保持着"你是孩子，你得听父母的指挥和安排"的想法。这类父母常常表现出过度焦虑，"担心"是被频繁使用的词汇。焦虑型父母对男孩无法完全信任，这是来自从小到大男孩犯

错给父母留下的固定的记忆图式。当男孩尝试做某件事情证明自己的"成人感"时，这类父母却会在第一时间想起男孩小时候犯错误或者捣乱的情形，从而开始担心；有时候甚至因为担心男孩无法完成事情，造成不必要的麻烦，而阻止男孩去表现，从而让男孩失去了很多锻炼的大好机会，也让男孩的能力得不到发展。

事实上，在这个时期，男孩渴望父母"放权"，让自己的行为拥有一些自由。例如有位四年级小学生在作文中就这样写道：

妈妈，请别把我当小孩看，我已经长大了。

当我拿起菜刀，想自己动手做菜时，您说我还小，这样做很危险。

当我拿起拖把拖地，您夺过拖把，说我干活太累了，有空多看看书。

当我口渴，想倒杯开水时，您急忙跑过来，接过水壶，让我下次再这样做。

当我想跟同学去滑冰时，您断然拒绝了，您说滑冰有什么好玩的，万一摔着就麻烦了……

妈妈，说句心里话，您这样做我很不开心。您认为我年纪小，就什么都不让我尝试，什么都不让我做。我知道，您是为我好，怕我受到一丁点儿的伤害。但是，您这样爱护我，却有点儿过分了。其实，您比我更明白，温室里的花朵是不能茁壮成长的。我喜欢阳光雨露，喜欢用自己的眼睛和双手，去探寻未知的世界！

妈妈，请您放心、放手让我去体验真实的生活吧。那样，我才会拥有一个快乐、充实的童年！

这篇作文字里行间充满了这位同学对外界事物的探索欲，他是多么渴望获得妈妈的支持与肯定啊，而这也是很多男孩内心最真实的想法，可惜却没有得到父母的重视。

所以，请耐心地去倾听孩子的心声吧，多跟他沟通交流，看看他是不是不喜欢被动地接受安排，是不是有很多想要勇敢去尝试的事情。在了解了男孩的想法后，你也许会惊讶地发现："我的孩子长大了！"是的，从现在开始，别再把他当成"小孩子"，让他做一些力所能及的事情，你会为他的表现感到惊喜。

爱顶嘴不一定是坏事

　　每个男孩都渴望被平等对待，他们希望享受和大人一样的待遇，不愿意被父母看轻，如果父母在言语中流露出对男孩的小视，他常常会不服气地顶嘴。

　　就像漫画中的男孩想要获得一次学习做饭的机会，在遭到母亲的两次拒绝后，就开始顶嘴。这里的"顶嘴"并不是男孩在无理取闹，而是他表达自主感的体现。男孩据理力争，是为了说服父母赋予自己行动（尝试做饭）的权力。

你年纪太小了，不懂做饭。

谁规定小孩不能做饭？不懂可以学啊。

①

别想了啊，你做不好饭的。等着吃就行了。乖！

为什么您说我做不好饭？我觉得我一定能做出好吃的饭菜。

②

儿子，你太厉害了，你是怎么做到的？

因为妈妈不相信我能做饭，我一定要证明给你们看看我的本事。

③

④

当父母不能有效地理解男孩的意图时，会呵斥并阻止男孩的尝试。对男孩而言，理解父母反对的这个过程则是艰难的，因为他不明白为什么父母可以做，而自己不能做，于是不平等、不理解的感觉涌上心头，心中的疑问便会通过语言质疑父母、行为抗拒父母表达出来。然而，男孩的词汇有限，当无法准确地诠释内心的想法时，措辞不当、语言过激是在所难免的，而这又往往让父母倍感受伤。

父母可能对此不理解，但其实获得行动的权力是男孩成长阶段的必然趋势，他们渴望精神上的自由。一旦男孩在探索的过程中遭到父母的干涉和阻挠，就会自然而然地顶嘴，甚至还会表现得非常叛逆，父母说东，男孩偏要向西。

有的父母将男孩的叛逆视为洪水猛兽，其实大可不必如此，父母无须对男孩处处顶嘴的行为过于敏感，男孩有时喜欢顶嘴、行为逆反是非常正常的，是大部分男孩成长的必然阶段。只要在这一时期内，父母及时作好心理疏导工作，等男孩逆反期消退，亲子关系反而会更加和谐。

反之，如果男孩在探索行动自由的过程中被压制变得顺从，在将来很有可能会失去自力更生的能力。所以作为父母，我们需要透过现象看本质，了解男孩顶嘴行为背后的独立自主的潜在需要，在男孩通过激烈的言论表达自己有优秀的处世能力时，父母应该给予支持和鼓励。

漫画的结尾是令人满意的，男孩因为想证明自我，主动学习做饭，为父母准备了一顿晚餐，父母为此感到惊讶不已，发自内心地赞美男孩的学习能力，使亲子关系步入一个全新的阶段。我们可以想象，漫画中的男孩在今后的人生里，会有很强的主动探索和自力更生的能力，能够更好地适应社会。

我们也可以学习漫画中父母的做法，在孩子顶嘴时，了解他的心理需求，给他创造自主锻炼的机会。如果他取得了良好的表现，就要及时表扬、赞美；如果他遇到了困难，可以和他一起讨论解决的办法。只有这样，男孩才会觉得自己是被父母平等对待的，是一个独立的个体，他会感到满足、快乐，顶嘴、逆反的问题自然会大大减少。

小心那些温柔的"陷阱"

　　家长都想把男孩培养成独立自主、顶天立地的男子汉，可是自己有时却不知不觉地为男孩制造了一个又一个温柔的"陷阱"。家长事事都为男孩代劳，时间长了，男孩就习惯成自然，再不会主动去尝试做事，甚至连力所能及的生活自理能力也渐渐丧失了。这样的男孩长大后不会成为有出息的人才，只会成为让家长自己都感觉头痛的"废柴"，以后在社会上也难以立足。这都是家长溺爱造成的。

所以，如果家长有溺爱男孩的倾向，就请从现在开始立即停止，不要总是众星捧月般簇拥着男孩，整日围着他转，要什么给什么，而是应当只满足男孩合理的要求，对于不合理的要求则应当拒绝，并清楚地告诉男孩拒绝的原因。同时，家长应当放手让男孩学着去做些力所能及的事情，特别是在男孩明确表示"我想做……"的时候，就一定要满足他的这种愿望。不要因为担心他做不好就替他包办一切，可以让他大胆地去尝试，并对他取得的进步及时给予鼓励，之后再去收拾他留下的混乱局面。这样的态度要比包办溺爱好得多。

溺爱的问题，尤其需要引起一些喜欢过度干预男孩生活和学习的母亲的注意。母亲的过多干预似乎在用行动告诉男孩："你可以不用做任何事情，因为妈妈都会帮你做好的。因为妈妈爱你，所以愿意为你做一切事情，而你只需要享受妈妈给你带来的成果就好。"面对这类母亲，男孩接收到的讯息是："原来所有的事情是不需要我付出就可以轻易获得的。既然如此，我为什么还要那么努力呢？都交给妈妈做就好，反正妈妈会很乐意帮我完成的。"

母爱的智慧是现代母亲应该学习的。传统观念认为，温柔的母亲才是好的母亲，当然这种说法看起来并没有错。但是温柔从来不等于没有原则的溺爱，不是"我是温柔的妈妈，我该帮孩子完成所有的事情"。真正温柔的母亲，是能够由内而外发自内心地对男孩展露笑容，让男孩感觉到温暖和爱的；真正温柔的母亲，在男孩勇于探索的时候，是能够给予鼓励和支持，让男孩获得信心和勇气。

男孩在成长的道路上，很多事情都需要自己独立完成。母亲不应无原则地"温柔"包揽一切，更不能为自己的行为感到沾沾自喜："哦，我真是一位善良温柔的母亲啊！"要知道，这样做，可能感动的只是母亲自己，男孩需要的是母亲精神上的支持和鼓励，让他们可以在不断尝试中成长。

每一位男孩天然具有进取心，男孩长大成人后，会不会怨恨母亲这些"温柔的陷阱"折断自己飞翔的"翅膀"呢？我想这个问题还是值得各位父母好好去思考的。

外面的世界很精彩

　　父母的"温室花朵养成记"总是会被男孩一次又一次的"外出探险"的请求击败，这其实是非常好的现象。这意味着男孩主动探寻未知，享受未知带来的乐趣。虽然在家里或者待在父母可见范围之内可能是男孩安全的港湾，但是能挑战自我的"外面的世界"才是男孩的成长乐园。

那么，父母如何引导男孩去合理接触"外面的世界"呢？

1.参与社会公益活动可以培养男孩的独立性和对社会的责任感，是一种良好的接触外界的方式。例如漫画中，男孩主动提出参与户外植树活动，这是他与社会发生联系、接触公益的最好途径之一。植树的过程中，可以让男孩明白，自己可以为人们共同的环境贡献出一份力量，哪怕是种一棵小树，都是能够充分体现男孩自我价值的。在等待树苗成长的过程，男孩的耐心也得到了磨炼。所以父母应当鼓励男孩多多参加公益活动，而不应阻挠，挫伤他们的积极性。

2.外出旅行能够帮助男孩开阔眼界，探索未知。虽然可能很多父母会质疑小孩出去旅行的意义，认为男孩太小，根本记不住旅行的经历。也许男孩真的记不住多少旅行的画面，但是这并不影响男孩将在旅行中一系列的观察，内化成用开阔的视角看待事物的能力。旅行的过程，也是增进亲子关系的最好的时机。很多父母因为平时的工作较忙，与孩子沟通不够，缺乏机会了解彼此。在旅行途中，父母和男孩恰好可以交流彼此看待新鲜事物的观点，从而能够增进感情。

3.游乐园项目大都是男孩们的最爱，那些好玩的、刺激的、色彩斑斓的场所让他们流连忘返。游乐园也是男孩们暂时摆脱父母管束和学习压力的乐园。很多父母以假期去游乐园作为对男孩平时表现优秀的奖励，可以起到非常好的效果。男孩在游乐园中玩耍，还能提高动手能力，并可在与其他小朋友合作交流中锻炼最初的社交能力，这些都能对男孩的成长有积极的意义。

需要提醒的是，在男孩探索外界的过程中，父母有必要提前给男孩普及基本的安全知识和基本规则，并表达出身为父母的担心，让男孩以保护自身和顾及父母感受为前提去探索。这样才能在探索"外面的世界"的同时，排除一些不安全因素。

我能解决问题，也能保护自己

　　"在安全的情况下，我可以放手让我的孩子去冒险。"这是很多父母的心声。这话听起来十分矛盾，那是因为父母心中往往都是矛盾的。一方面希望男孩能成为"上天入地"的英雄，但是另一方面却无法接受"上天入地"所带来的风险。

　　如果男孩在成长探索的过程中注定需要冒险，很多父母宁可让男孩度过

平凡宁静的一生。然而，这样做无疑会磨去男孩的勇气和信心，会让他变得胆怯、懦弱。所以，父母不应阻止男孩的每一次冒险，而应教他在确保自己安全的前提前提下适度冒险。这样一来，男孩既能获得探索过程中所带来的一系列品质（如勇气、智慧），又能确保自己的人身安全，对家人和自己负责。

漫画中的男孩天资聪颖，能在最快的时间想到最好的办法，最后顺利取下风筝，结局皆大欢喜。但是这个过程中的一些教育细节，是值得父母思考的：

1. 父母不打压。在家庭教育中存在一个误区，父母对男孩挑战自己的权威是相当反感和抵触的。男孩一天天长大，点子逐渐多了起来，不是从前那个"小跟班"，一切听从父母命令和指导。父母需要调整好心态，不要被男孩的成长和进步所带来的"无能感"淹没。这是男孩成长过程中，父母必然会遇到的心理危机，父母们需要坦然接受。漫画中父亲用长篙没能顺利取下风筝时，男孩及时提出解决方案，父亲并没有因为自己没有成功而去否定男孩的计划，这种平和的心态是非常值得父母学习的。

2. 父母不盲目。我们发现在现实生活中，有些父母在男孩尚未表达自己想法的时候，就盲目地斩断男孩探索的念头，导致他失去对事物的好奇心理和探索行为，在一次又一次的阻止当中变得不爱思考、不爱行动。而漫画中的男孩在提出爬树取风筝的意见时，父母没有盲目阻止，而是用心理解男孩的意图，分析男孩所提出办法的可行性，并用默许表示对男孩的支持和信任，才让男孩有了个勇敢尝试的机会，这种做法也是值得父母们借鉴的。

3. 对男孩取得的成功表示真挚的鼓励。鼓励法可以运用在男孩成长的任何一个阶段。本书在不同章节中，多次强调过鼓励法的重要性，在这里也就不再赘述了。

探索力是优秀男孩必不可少的能力，培养男孩冒险的能力和自我保护的能力是为人父母者的责任。那么，请父母们多给男孩一些探索的机会吧，他才会成长为勇敢的雄鹰，自由地在天空中翱翔！

▶ 我是爸妈的小帮手

　　出于对男孩的疼爱和呵护，很多父母在生活中都不会想到让他帮自己做些什么，生怕会累坏了年幼的他。可是父母并不知道，男孩有多么渴望能够为家人做一点事情，如果他发现自己帮上了父母的忙，往往会特别开心和自豪。父母应当体察他的心理需求，给他制作"帮忙"的机会，让他成为可爱的"小帮手"，这对他的独立性、思维能力的发展都是有好处的。

功能很全呢。上面可以缴各种生活费用，有这个方便多了。儿子，你真行！

爸爸，帮你下载好了。

爸爸，上次我去物业缴电费的时候，看到可以直接在APP上缴费，很方便呢！

① 是什么样的APP啊？你帮爸爸下载行吗？

②

爸爸，我来帮你吧。

行啊，我们一起修。

不错啊，儿子，你可真是爸爸的好帮手。

谢谢爸爸，只要您相信我，我还可以做好多事情呢。

③　　④

　　本节漫画就讲述了一个"小帮手"的成长故事，在漫画前半部分中，男孩因为之前去物业缴电费的经验，观察到某个APP能让繁忙的生活更加便捷，就帮助父母将其下载并使用，体现了男孩心思细腻、为他人考虑的性格。父母欣然接受男孩这个好办法并予以肯定，更加激发了男孩作为家庭"小帮手"的积极性。

　　漫画后半部分，因为家中的椅子需要维修，男孩主动拿出修理工具帮助父亲，通过和父亲协作，终于修好了椅子。在男孩积极要求加入父亲的修理工作时，父亲欣然接受，并在修理完成后肯定男孩是个好帮手。男孩在得到父亲的肯定以后，备受鼓舞，表示自己以后可以做得更好。

　　漫画给我们展示了和谐的亲子关系：男孩提出帮助的请求，父亲欣然接受，男孩在帮忙的过程中体验到成功以后被肯定的快乐，以后会更加积极地帮助父母。这样的教育模式，我们称之为良性循环模式：好的开始＋好的经过＝好的结果，好的结果成为了促进下一次开始的动力，由此便会出现：更好的开始＋更好的经过＝更好的结果。通常，在家庭教育中遇到的情况是没有好的开始（父母拒绝男孩的帮助）或者没有好的经过（帮助的过程中遇到困难且难以解决），这些都会导致男孩出现沮丧的情绪，丧失探索的动力。那么，该怎么解决这些问题呢？

　　首先，父母要调整心态，对男孩多一些信任和耐心，不要随意干预他的一些积极行为，以免妨碍男孩的健康成长。

　　其次，如果男孩在参与家庭事务中遇到了难以解决的问题，感到沮丧甚至想要放弃，父母要多给男孩一些肯定和鼓舞，树立男孩探索的勇气和自信。

　　而当男孩取得了成功时，父母一定不要忘了大声地对他进行赞美，夸他是"爸爸妈妈的好帮手"，这会让他感到十分开心，也会让他变得更加积极主动、独立自主。

我也是家里的小小顶梁柱

　　父母也许没有发现，自家男孩身上正潜藏着一股巨大的力量，他可能比你想象的更能干，只是缺乏一个特定的机会让他来表现自我。所以，父母不妨多给男孩一些锻炼的机会，让他一个人去面对一些困难。在这种情况下，男孩就会开动脑筋去处理问题，还能鼓足勇气去战胜困难。他的表现让父母欣喜，父母会骄傲地说："我的孩子已经成为家里的小小顶梁柱了。"

　　下面的漫画就描绘了这样一个故事：漫画中母亲生病了，父亲也出差了，男孩在需要照顾自己的同时要担起照顾母亲的责任。本来看起来是一件并不容易完成的事情，但被男孩做得尽善尽美，实在难得。这个好的结果要归结于有个好的开始——父亲在出差的时候，就与男孩沟通好，希望男孩暂时做家中的"顶梁柱"。这个期待无疑激起了男孩的责任心和挑战欲。

　　在母亲生病期间，男孩细致入微，关怀备至，不仅给母亲倒水、煮粥，还能自己去物业缴电费，俨然一副小大人的姿态，让人不禁从心底对男孩竖起大拇指。男孩也在独立完成家中各项事务的同时，对自己有了重新的定义和认识：原来自己有照顾家人的能力，有让人信任的本事。

　　男孩独自面对生活的考验，对独立意识的提高、办事能力的提高都是有很大帮助的。父母可以尝试给男孩多制造一些类似于漫画中的机会，能够激发他的潜力，让他成为父母倍感骄傲的小小"顶梁柱"。

　　男孩现在能够独立面对生活的突发状况，能热心地关怀爱护家人，冷静解决生活里出现的一些小麻烦，并从这些事情中获得自我价值认同感。等到他成年后，在社会中遇到突发状态，也会表现得镇定自若，能够理性而智慧地解决眼前的一系列问题。他一定会感念：从小父母注重培养自己的独立能力，并给予充分的信任，给自己很大的鼓舞。

　　因此，请父母不要忽略对孩子的每一次锻炼，只要有机会，就可以主动邀请孩子和自己共同处理一些事物。如果孩子主动要求参与家务，那父母就更应当支持。"小小顶梁柱"就是这样一点一点成长起来的，而父母的鼓励就是开启他身上潜力的那把最关键的钥匙。

第四章
Chapter 4

负责任有担当才是男子汉

- 为自己的行为买单
- 反省，反省，再反省
- 我只是缺少承担责任的机会
- 有担当是男子汉的气度
- 我值得他人信任
- 我有一颗"公德心"

为自己的行为买单

很多时候，男孩对于"可以做的事情"和"不可以做的事情"往往没有标准，他们正处于行为规范的摸索阶段，有时难免会做出一些不好的行为。在没有完善的自我责任意识之前，父母要让男孩开始学会自主，特别是要为自己"不好的行为承担后果"，这是男孩意识到责任感的开始。

① 儿子，起来上学了！

妈妈，我的培西不见了。

妈妈是不是很早就提醒过你，要把玩具收好呀？

②

③ 你今天又迟到了，罚你站在教室门口听课。

④ 是不是回来的时候乱吃东西啦？

妈妈，我肚子痛。

漫画中的妈妈提醒过男孩收拾自己的玩具，可男孩还是给忘了。妈妈要求男孩收拾自己的东西是对男孩最基本的责任感的启蒙，那么男孩忘了收拾会发生什么呢？可能会导致玩具找不到了，男孩会伤心、难过、沮丧，同时因为玩具遗失，男孩也无法马上享受玩具给自己带来的快乐。这些都是男孩要承担的直接后果。

同样的，每天清晨父母一次又一次催促男孩起床上学却没有好的效果时，不妨让他迟到一两次，让他去体验迟到的后果——男孩在学校被老师惩罚，并产生羞耻感。伟大的心理学家埃里克森认为，儿童的羞愧标志着克制力的开始。所以，父母可以利用这一点，让孩子学会自我克制，自我承担责任。

漫画中的男孩偷吃冰淇淋拉肚子的例子也是如此，男孩可以从这些后果中积累关于"如果我不想承受这种行为所带来的难受的感觉，那么我下次不能这么做"的经验。为了强化男孩的心理体验，父母还可以对他的一些错误进行适当惩罚，帮助他对自己的行为有所克制。

柏拉图在《理想国》中如是说："所谓节制，是一种好秩序或对某些快乐和欲望的控制。人的灵魂里面有一个较好的部分和一个较坏的部分，而所谓的'自己的主人'就是说较坏的部分受到较好的部分控制。"当然，这种自我克制并不是一件容易的事情，而是一件需要终其一生学习的本领，父母尚且不易养成，男孩更是如此。然而，但凡学习到克制本领的男孩，一定是一个有着超凡毅力和责任心的男子汉。

希望父母从此刻起，帮助男孩强化内在较好的部分，去控制较坏的部分，同时，不要忘了激发男孩的责任心。首先是要求男孩对自己的行为负责，其次是培养男孩主动承担责任的好习惯，最后在克制的基础上制定计划去贯彻这种品质，使男孩能够成长为负责任、有担当的男子汉。

反省，反省，再反省

在《论语·里仁》中，孔子曾说："见贤思齐焉，见不贤而内自省也。"关于"自省、自责、自讼"，曾子也留下如是名言："吾日三省吾身，为人谋而不忠乎？与朋友交而不信乎？传不习乎？"译成现代文意思就是："我每天多次反省自己：替别人做事有没有尽心竭力？和朋友交往有没有诚信？老师传授的知识有没有按时温习？"古往今来，"自省"都是推动人进步的重要的思想手段。父母在教育成长阶段的男孩时，也要多鼓励他常作"自省"，从而可以发现并改正自己身上的不足之处。

把你的书拿起来。

老师，我拿不动！

①

你怎么不吃？

今天的菜我不喜欢，太难吃了。

②

我们班有的同学唯恐天下不乱。

只是觉得好玩，没想到老师会这么生气。

你的口香糖是什么口味的？能给与大家分享一下吗？

上课嚼口香糖是不对的，我错了。

③

④

就像漫画中的这个男孩，身上存在不少缺点。最初他没有发现自己的问题，只有通过同学、老师指出才能意识到自己行为不妥。后来他逐渐开始反省，在内心深处承认"我错了"，这就是一个好的开始，是男孩对自己负责任的表现。父母要注意发掘这些细节，并引导男孩积极反省。

父母可以引导男孩从以下几个反面进行自我反省：

1.反省自己的行为是否损害身体健康。比如厌食挑食就是一种不好的行为，是对自己身体的不负责任，是对父母养育之恩的不负责任。父母应经常给男孩灌输"只有好好吃饭，才可以快快健康长大"的思想观念，引导男孩珍爱身体，并从爱护自己开始，学会爱护他人。

2.反省自己的认识是否端正。有的男孩没有把心思放在读书上，因为他们认为书都是为父母读的，这恰恰是一种对自己不负责任的表现。父母应该让男孩进行反省，认识到学习获取的知识属于自身，并非为了任何人，让男孩明白学习是自己的责任。

3.反省自己的行为不是否影响到他人。在学校的时候，男孩总是不遵守纪律，还喜欢挑起战争，似乎"唯恐天下不乱"，这些往往让老师、父母感到怒火中烧。其实，在男孩这么做时，他们可能只是出于好玩，或者想刷存在感。这类男孩大多外表强势内心却脆弱，当众的压制会让他觉得"很没面子"，更可能激化其不良行为。父母和老师应单独和男孩沟通，循循善诱，让男孩意识到不遵守纪律、调皮捣蛋，不仅会影响他人，还会让自己也无法学到更多知识，所以不管为了自己还是他人，都应当约束行为，遵守校园的各项纪律。

4.反省自己的行为是否破坏集体荣誉。父母还应启发男孩的集体荣誉感，让他通过反思认识到，自己的行为不但要对个人负责，还要对整个集体负责。比如，因为男孩一个人没有佩戴红领巾，影响了班级参加"文明标兵"评选，父母就要引导男孩反思，让他认识到自己的错误，以后一定要更加注意自己的行为。

反思使人进步，作为父母，我们一定要多多帮助孩子进行有益的反思。与此同时，我们自己也要反思育子理念有什么不足之处，这样才能更好地教育孩子，和孩子一起成长。

▶ 我只是缺少承担责任的机会

从漫画中我们可以看到，有些男孩最开始是愿意主动承担责任的，同时会为自己的失误感到内疚。但是长辈因为"心疼"男孩，采取了一些不恰当的语言和行为，结果把他引向了拒绝承担责任的境地。到最后，可能会把他变成习惯性推卸责任的人。

男孩拒绝承担责任，与父母的错误引导有很大的关系。父母为男孩承担得越多，男孩拥有的能力越少。父母为男孩扫清了成长路上的五分之四的障碍，那么男孩就只会拥有五分之一的能力。面对父母的付出，男孩逐渐变得麻木、不珍惜，甚至有时还会抱怨父母考虑不周，没有给自己做好一些小事。这很大程度上都是因为眼前的一切对他们来说都是"现成的"，他们没有付出任何努力，也不需要去承担哪怕一丁点儿的责任，所以无所谓的态度外显在行为上，于是就出现了漫画最后的一幕：面对老师的质问，男孩一副无所谓的态度，还把责任推给了自己的母亲。

男孩身上都有成长环境的印记。如果从一开始，漫画是这么演绎的，结果会大不相同：当男孩 3 岁时，撞到桌角，家人说的是"没事没事，我知道这是很疼的，但是如果我们下次遇到桌角绕开，就不会撞上去了，你也就不会疼得哇哇哭了"；当男孩 6 岁，打翻可乐说"对不起"时，家人说的是"没关系，我知道你不是故意的，下次注意就行了"；当男孩 9 岁时，在餐厅打破玻璃杯，家人说的是"哇，这可不太妙，你能请服务员赶紧过来清理一下吗？不然会伤到人的"；最后在男孩忘记带作业的时候，面对老师，男孩就会说："老师，实在对不起，我太马虎了，我向您保证，这样的事不会再发生了。"那么，男孩最后成为一个具有很强责任心、是非分明的男子汉是水到渠成的事情。

相信很多父母都听过"捧杀"这个词，父母在男孩小时候过于保护，不让他主动学会去承担行为后果，会导致他不能正常健康发展，人格退化，长大成人后很容易导致出现"社会适应障碍"——他们从小不需要承担责任，受父母供养，一切顺风顺水，当进入社会，面临现实人际交往问题，发现社会关系与从小父母营造的家庭模式大相径庭，内心往往难以接受。

因此，父母要给男孩承担责任的机会。在日常生活中，当男孩在前行遇到困难的时候，父母可以伸出援手，助男孩一臂之力；在男孩主动去承担责任时，父母应给予支撑与鼓励。男孩遇到的成长关卡，有必要让他自己去闯，这样他才能在不断的历练中得以成长，成为一名顶天立地的男子汉。

有担当是男子汉的气度

一个责任感强、做事有担当的男孩所体现出来的气度往往令人折服。

这一节的几幅漫画就为我们描绘出了一位举手投足间气度不凡的男孩形象：他乐于帮助同学，展现了礼貌而友好的个性；他维持班级秩序，展现了智慧而风

趣的行事风格；他教会素不相识的小朋友过马路，展现了爱护幼小、热心而仗义的优秀品质；他帮邻居爷爷做些举手之劳的事情，体现出尊敬老人、无私而忘我的精神。只要是自己力所能及的事情，他都不曾犹豫，主动伸出援手，俨然一副小男子汉的形象。

看到这样有担当的男孩形象，父母一定会非常羡慕，也希望能把自家的男孩教育得如此优秀。而这就需要父母多花些心思，要从日常生活中的细节去培养男孩的责任感和良好品质。

比如，男孩在家时就要对家人负起应有的责任来：在父母忙碌时，为父母倒杯水；在父母辛苦时，为父母捏捏肩；在父母吵架时，充当家庭的润滑剂；等等。如果男孩为父母做了以上的这些事情，那么恭喜你们，你们正陪伴着一位非常棒的有责任心的男孩在成长。

这类男孩在学校有对同学、班级的责任感：爱护班集体。乐于助人，不怕苦、不怕累，以他人的利益为先。"毫不利己，专门利人"说的便是这类男孩，他们也会成为班级中最受爱戴的人，将来到社会上，也常常能够因为有担当而备受他人的信赖。

当男孩在任何一件小事上表现得很有担当的时候，父母别忘了对他们进行表扬和鼓励。这会形成一种正向的力量，能够促使男孩培养出更强的责任感。到那时，父母就会发现，自家的男孩和漫画中的男孩一样，都是让人喜爱又佩服的小小男子汉。

我值得他人信任

　　杰斐逊曾说过：一个人接受了公众的信任之后，就应该把自己看作是公共财产。漫画中男孩的责任心体现在班集体活动上。当接受同学们的信任之后，男孩面对诱惑义无反顾地坚持自我原则，就是一种把公众利益当作自己的利益，把自己看作是公共财产的表现。

男孩和同学去超市采购班级活动需要的食品和饮料，有同学怂恿"公款消费"，被男孩及时制止，并回应道："同学们信任我，才让我管理班费，我要对他们的信任负责。"这体现出男孩面对诱惑不为所动和坚持原则的决心。

父母在培养有责任感的男孩时，就要注意培养他的这种决心。有了这种决心，男孩将来也会成长为一个坚定不阿的正直的人。

父母应注意培养男孩"一言既出驷马难追"的行为模式。父母首先要对自己做出的承诺坚决予以执行，为男孩做良好的榜样。父母为人正直，更容易让男孩受到积极的影响，他会更快地分辨出什么是对的，什么是错的，继而会自觉抵制诱惑，做作一个值得信赖的人。

其次，父母可以让男孩参与到重诺守信的事件中去。如：父母答应回老家看望老人，说到就一定要做到，并带男孩一起回家，参与实践该承诺的行为；在恰当的位置停车，保安只允许临时停，父母若答应了在短时间内移走车辆，一定要说到做到，并对保安予以的方便表示感谢的话可以要求男孩说出来，以便带给男孩最为直观的感受。

当然，父母也要教会男孩分清什么是好的信任，什么是坏的信任。如，一个同学在考试时作弊，希望男孩保密，男孩还应该把这个同学的信任当作责任吗？答案当然是否定的。

这也提醒了父母，在培养、启发男孩的任何一项美德时，都需要告诉男孩该美德的界限在哪里，什么是在责任之内的，什么是在责任之外的，如此才能启发男孩拥有一颗智慧的"责任心"。

我有一颗"公德心"

教育学家苏霍姆林斯基如是说："道德准则，只有当它们被学生自己追求、获得和亲身体验过的时候，只有当它们变成学生独立的个人信念的时候，才能真正成为学生的精神财富。"

在班级活动中，不同的同学能体现出不同的行为，折射出不同家庭的教育模式。有的同学彬彬有礼，有的同学飞扬跋扈，有的同学乐于助人，有的同学无动于衷，有的同学具有公德，有的同学却自私自利。同学们的语言和行为在很大程度上可以反映出父母对品质、德行教育是否重视。

漫画中，班级出去旅行，有的同学不顾及环境卫生，乱扔垃圾，而男孩在听到清洁工阿姨的无奈的话语之后，内心被触动了，于是回头清理刚才他们留下的垃圾，并对清洁工阿姨说了句"对不起，我们不该乱扔垃圾"。男孩通过道歉对自己的不文明行为负责。每个人都会做错事，男孩也不例外，然而"知错能改，善莫大焉"，男孩能意识到自己行为欠妥，及时对自己的行为负责，展现了他勇于承担的真性情，依然让人佩服。

而男孩的同学则不这么认为，他认为男孩所做的一切是没有意义的，认为收拾"残局"本该是清洁工的职责，不但丝毫没有为自己乱扔垃圾的行为感到羞愧，反而说出"如果我不扔垃圾，清洁工会失去工作"这样荒唐的话语。在这位同学的心中，似乎乱扔垃圾的人，反倒成了为清洁工保住工作的"大恩人"，这番话让人瞠目结舌，也让人反思社会公德心的倒退给儿童带来的不良影响。

社会公德心是每一位公民应有的，其中保护环境是社会公德心的重中之重。很多孩子可能对此没有深刻的认识，父母需要从小给他灌输保护环境的意识。这里的"从小做起"既是从小事做起，也是从小小的年纪做起。

除了注意保护环境外，父母还要教育孩子遵守公共秩序，自觉排队、公共场合不大声喧哗、礼貌让座、爱护公共设施、保护花草树木等等。父母在教孩子的时候，不要总是讲大道理，也不要让孩子去背诵一些条款，而是应当将公德心和责任感体现在具体的行动中，最好是父母带头做一些体现公德心的事情，孩子耳濡目染，并能将这些良好的行为固化为习惯。

如此一来，孩子就能够渐渐融入文明社会中，用自己的公德心去爱护和创造啊美好的生活。

第五章

Chapter 5

挫折，没那么可怕

- 我哭，我哭，我大哭
- 英雄也是从磨难中走出来的
- 来做个"逆商"训练
- 小花猫"离开"我了
- 谁都喜欢赢

 我哭，我哭，我大哭

　　坚强、勇敢是父母对男孩的普遍期望，可是总有一些男孩喜欢"哭鼻子"，让父母感觉很烦恼，有的父母还会责怪爱哭的男孩，说他"没出息"。但父母是否想过孩子爱哭的原因呢？幼儿期的男孩往往会为以下这些事悲伤哭泣：因为经验不足遭遇到躯体挫折，会让他们为自己的"无助"而感到伤心；不被父母信任的时候，会因为委屈而难受大哭；自我效能感被他人否定时，会因为愤

怒而通过大哭来宣泄情绪。以上表现均是正常合理的，父母切莫紧张，需客观看待这一时期男孩的正常发展，不要急于为男孩贴上"脆弱""没出息"之类的标签。

据研究表明，男孩的情感比女孩更敏感。从婴儿时期起，母亲需要付出更多的耐心才能让男婴开心起来。到幼儿期，只要生活中产生一些改变，或是父母严厉的语言，都能让男孩变得焦虑不安。

通过父母和社会对男孩后天的训练与培养，男孩开始了解并学习社会所期待的男性主体的行为准则。如"男儿有泪不轻弹"，便是在引导男孩不轻易流泪的行为。男孩虽然不会再像小时候那样动不动就嚎啕大哭，但他们的情感和情绪却受到一定程度的压抑，使得他们只能通过有限的内心资源去解决心理冲突和矛盾。

情感宣泄是人类的需要，适当地鼓励男孩宣泄情感，有助于男孩的身心健康。所以，在男孩哭泣的时候，父母不应一味地斥责他，更不能对他说一些带有羞辱性质的话语，这会伤害他幼小的心灵，影响他的心理健康。严重的时候，他会对自己的情感表达产生恐惧心理，直到对自己的内心世界绝口不提，以便满足父母对他坚强稳重的期待。

因此，可以总结出男孩的"坚强"是被后天训练的，而不是生来如此，但其实这种"坚强"本身也是痛苦的。

为此，父母要学会正确引导爱哭的男孩，可以在他哭完冷静下来的时候，疏导男孩内心的情绪，避免引发男孩强烈的内心冲突。如，当男孩被误会而哭时，父母可以说："是不是因为爸爸妈妈误会你了，你觉得很委屈，所以哭了，对吗？"当父母说出男孩的内心感受，男孩的这一被误会的事件就会得以化解，不会在男孩心中留下心理冲突，而心理冲突是导致幼儿期男孩悲伤（流泪）的最大原因。

另外，父亲也要为男孩做男性"坚强榜样"，让男孩在松弛有度的情境下发展坚韧不拔的男性品质。

英雄也是从磨难中走出来的

　　古希腊有个著名的神话故事，主人公叫西西弗。他因为得罪诸神，所以被罚将巨石推到山顶。然而，每当他用尽全力将巨石推向山顶时，巨石都会从他手中滑走，落到山底。西西弗年复一年、日复一日地重复将巨石推向山顶，然后看着巨石滑落，再走下山底，把巨石重新推上山顶。

　　西西弗的故事在民间广为流传。很多人认为西西弗是英雄，虽然故事的结尾人们并没有看见西西弗把巨石成功地推向山顶，但是，他不断重复地将巨石推向山顶的过程依然让人们敬佩不已。面对命运的残酷，西西弗不绝望、不

颓丧，而是奋起反抗，勇于和命运作斗争，这种精神正是父母要传递给男孩的。

漫画中，男孩长跑比赛失败三次，最后获得了成功。男孩在几次失败中体会到，不断坚持的过程比结果更重要。过于注重结果的人，往往失去了好的心态，结果总是不尽如人意；反之，注重过程，在过程中坚持不懈，往往会有意想不到的收获。漫画中的父亲非常值得父母学习，他对男孩始终保持信任与鼓励，成为男孩勇于坚持、保持前进的动力。

面对磨难坚韧不拔的例子还有许多，最著名的当属我国古代著名医学家李时珍的故事。李时珍发现以前的药物书中有很多错误与漏洞，深知如果不加以完善，会贻害后人。出于对世人的关爱和责任，他用 27 年的时间研读大量的医药文献，靠着车马和步行踏过九省有余，行程达一万多公里，尝了无数种草药，用尽办法采集药物标本作为学术研究。他战胜了常人难以想象的磨难，最终完成了堪称"东方医学巨典"的《本草纲目》。

磨难有时能促使人成大事。勾践是越国国君，继位不久后败于吴军，被迫求和。他卧薪尝胆，提醒自己不忘耻辱，最终使越国恢复实力，破吴国，灭夫差，成为春秋时期的最后一位霸主。越王勾践"卧薪尝胆"的故事，也已成为不惧怕磨难的典范。

俗语有云："玉不琢，不成器。"一块美玉，尚且需要经过不断的打磨、雕琢方能实现其价值，何况是人呢？不经历磨难是难以成为名垂千古的大英雄的。所以，父母要告诉男孩："磨难并不可怕，只要努力战胜磨难，就能提升自己的实力，并会让自己变得更加坚强。"当孩子因为一次考试失利灰心丧气的时候，当孩子因被他人误解而感到难过的时候，父母都要提醒他，这只是人生中一点小小的磨难。父母要教育他抬起头来，笑对磨难，不向磨难屈服，还有让他作出积极的反应，把不利条件想办法变为有利条件，这样他才能战胜磨难，并成长为自己的英雄。

来做个"逆商"训练

　　一个人无论情商多高、智商多高，如果没有面对逆境从容接受并淡定处理的智慧，那就不能称之为拥有成功的人生。这种智慧，我们称之为"逆商"。逆商不是凭空获得的，而是在一次又一次的挫折中磨练出来的。以下是男孩在成长过程中常遇见的挫折，也是需要父母把握时间培养男孩逆商的好机会。

妈妈知道你此刻一定很舍不得，但是你知道吗，有句话叫作"天下无不散之筵席"。

没关系啊，有自己的想法是件好事情。妈妈说每个人都该有自己的想法。

妈妈，我的好朋友要搬走了。

我不同意你的话，对于这件事我有自己的想法。

①

②

或许小朋友家里有什么事情，所以来不了呢？

你知道吗？在爸爸演讲的时候，有时尽管已经把演讲稿背得很熟，可是在演讲的时候却总会出些差错。我自己认为这是挺正常的事情。

我讨厌别人说话不算话。

④

③

1. 被否定。当男孩的意见被否定时，往往会感到挫败，甚至是懊恼。这是因为人的内心会有种不被接纳的感受，成人尚且如此，更何况情感发育尚未完善的男孩了。但被否定在生活中是很常见的，父母要教育男孩理性看待被否定这件事，这并不意味着自己不够优秀，而只是因为对方有不同的看法和意见，就像漫画中男孩所说的"每个人都该有自己的想法"。所以，被否定并不可怕，不要为之感到沮丧，而应思考到底谁的想法是正确的。

2. 离别。男孩在面对好友的别离时，常常会显得很受伤。漫画中，母亲在引导男孩时采用了情感共鸣的办法，并说出了男孩内心的感受："我知道你此刻一定很舍不得"，帮助男孩舒缓心中的离愁别绪。只有男孩的情绪得到舒缓，才有可能接受母亲后面的话："天下无不散之筵席。"当男孩理性面对离别时，他们的认知得到调整，会认识到人聚人散是生活的本来样貌，那么他就能更加客观地面对这类事情，今后如果遇到类似的情况，也会理性面对，不会为之神伤不已。

3. 不被尊重。漫画中男孩和小伙伴约好一起玩耍，可等到太阳落山小伙伴还不曾出现，实在让男孩感到生气。被"放鸽子"让人愤怒的原因在于，内心感受到不被对方尊重。根据马斯洛需求理论，尊重是人类的高层次需求，不被尊重所带来的痛苦，远比物质和安全的不被满足更让人难以承受。这时，就需要父母及时引导，帮助男孩排遣心中的负面情绪，并要让他学会更好地处理此类挫折。漫画中，父亲对男孩的情感洞若观火，引导男孩发现事情的另一种可能性。从而把男孩从不被尊重的愤怒中，引向对事情的发生多一份包容，这种做法就是值得父母学习的。

4. 舞台焦虑。孩子对于在公共场合表现自我感到焦虑、恐惧，父母应当帮他及时调整，避免他发挥失常而遭遇挫折。漫画中，父亲放下自己的身份，自我坦露以往演讲的失误经历，帮助男孩舒缓紧张的情绪。当男孩听完了父亲的挫折经历后，会有一种感同身受的体验。父亲用满不在乎的语气讲述着挫折，男孩也能受到感染，变得乐观、勇敢起来。如此一来，男孩便会更加自信从容地登上舞台，哪怕表现不佳，也不会感到痛苦绝望，这就是父亲的逆商教育起到的效果。

当然，能够锻炼和培养男孩逆商的情境还有很多，父母要细心一些，多从生活中找到这样的机会对孩子进行教育。那么时间长了，孩子的逆商不断提高，应对挫折和苦难的能力也会大大提升。

 ## 小花猫"离开"我了

越来越多的家庭会在家中饲养宠物，宠物是家庭的一分子，也是陪伴男孩成长的小伙伴，是男孩最好的朋友之一。

不过，父母必须让男孩了解一点：宠物是不可能伴随他一生的。宠物的离开虽然让人伤心难过，会成为男孩毕生难忘的挫折经历，但男孩也要学着接受这个事实，不能过分沉湎于悲伤中。

宠物离开也是教会男孩认识生命最生动的一堂课。父母在宠物离世时要显得冷静而不冷漠。冷静的父母可以帮助男孩从悲伤中顺利走出来，让男孩不会对生命的结束产生恐惧心理。这种生命教育能够教会男孩客观地接受生老病死，从而更加坦然地面对人生。

如何帮助男孩顺利度过宠物离世的挫折呢？漫画中母亲的处理方式值得我们学习：

1.大胆告诉男孩真相。父母可以像漫画中的母亲这样开导伤心的男孩："小猫和人一样，都有生老病死"。这样一来，男孩便能知道，原来生命有生老病死的周期，原来有我们无能无力的事情（无法救治小花猫）。

2.给男孩更多的关爱。"好朋友"离世，男孩感到悲痛，是人之常情。他也许会心情不好，食欲不佳，甚至无心学习，在悲痛期这些行为都是正常的。父母需要给男孩更多的关心和爱护，多陪陪男孩，给男孩拥抱，也可以带男孩出去踏青、散步、运动，以转移他的注意力。

3.举行一个简单的告别仪式。告别仪式能够安慰男孩的心灵，也能让他认识到生命是庄严的、可敬的。就像漫画中的母亲陪着男孩一起埋葬小花猫，用简单的葬礼帮助男孩从心里和小花猫告别，使男孩客观地认识到小花猫离开的事实，也能帮助他走出悲痛。

4.深刻认识生命。漫画的最后，母亲告诉男孩："以后的日子，它还是会陪着你的，它活在你心里了。这样的话语能够让男孩认识到陪伴不只是在身边的陪伴，让他认识到陪伴的深层含义，把悲伤转化成接受小花猫另一种形式的陪伴。

生老病死，永远是个沉重的话题。很多父母不希望男孩过早去触及这类话题，担心男孩难以接受和理解。然而，男孩了解得越晚，生命的消亡给男孩带来的打击就越大。父母在适当的时机，给男孩进行生命教育是必要的。

随着时间推移，小花猫离世的伤痛会逐渐恢复，留在男孩心中的是对生命的全新定义。他会更加珍爱生命，关怀他人，也会更好地处理"离别"带给自己的挫折感。

谁都喜欢赢

①
耶！我赢咯！我赢咯！

嗯，你玩得很好。输了滋味可真不好受，但是爸爸玩得很开心。

我理解你的心情，爸爸在输的时候也很不舒服。我们要不要再玩几局？

不公平！我不想让你赢！

②

除非我能赢，否则就不玩。

我有可能会输，有可能会赢，胜败乃兵家常事。

③

④
爸爸看你现在玩游戏心态好了很多，不再被输赢影响了，真是不错呢！

谢谢爸爸，因为我学习到了"胜败乃兵家常事"。

男孩不能好好玩游戏，不能大大方方地面对输赢，甚至在游戏过程中乱发脾气、情绪失控的时候，父母总显得格外担心，害怕男孩成长为一个过分看重输赢、经不起挫折的人。其实父母不需要过度担心，男孩只是没有得到好的示范，没有形成正确的输赢观念。

让男孩体验到输的挫败感之前，一定要男孩体验到赢的快乐滋味。为此，父母不妨学习漫画中父亲的做法，帮助男孩理性看待输赢。不过，在男孩体会到赢的滋味，就会了解胜利者是什么样的。初次体会到胜利的时候，他会像漫画中的男孩那般手舞足蹈。而父亲则可以示范一名失败者应有的态度。父亲可以称赞男孩玩游戏的技术，坦承输的滋味并不好受，但还是玩得很开心。这种表现会让男孩认识到输不是什么大不了的事情。

之后，父母就可以赢男孩几次，让他知道没有人可以当"常胜将军"，有赢就会有输。男孩在这时肯定会感到不开心，父亲就可以趁势做思想工作。比如，可以对男孩说："你不可能每次都赢，你必须学会接受输；要是你输了就闹情绪，就没人愿意跟你一起玩了；如果你再努力一点儿，下次就会赢了。"如果男孩听不进去，父亲还可以这样说："我理解你的心情，爸爸在输的时候也很不舒服。"

当然，男孩的内心转变需要一定的时间，他需要更新认知，去明白自己原来是可以输给一个之前打败过的人的。男孩在这个过程中出现情绪的愤怒与悲伤，都是成长的重要发展阶段。男孩需要让自己的大脑接受新的讯息：输赢乃兵家常事。

就这样，通过父亲良好的示范和沟通，男孩的心态就会发生变化。这种教育方法不仅仅可以用在玩游戏上，还可以用在男孩在成长过程中遇到挫折的方方面面。如评选班干部不被选中，球队比赛失利，运动会上表现糟糕等。父母需要告诉男孩："这以前也在我身上发生过，当时我也很难过。"或者用温暖的话语鼓励他不要失去勇气，这次输了、失败了没关系，打起精神面向未来。父母还可以和男孩一起总结经验教训，试着让他思考"输"的原因。然后想办法找到对策。

经过这样的引导后，男孩的注意力就会从"输"这件事上转移到"如何去赢"，他的情绪会恢复平稳，不会再为一时的失利耿耿于怀了。与此同时，他的抗挫折能力也会得到提升，日后再遇到不如意的情况时会表现得更加冷静从容。

第六章
Chapter 6

坚决不当"败家子"

- 什么都给就学不会珍惜
- "放养"男孩子，好过"圈养""小皇帝"
- 不虚荣、不攀比
- 不一样的体验
- "富"了物质，毁了前途
- "啃老族"都是惯出来的
- 人"穷"志不"穷"
- 花钱换来的朋友，也更容易失去

什么都给就学不会珍惜

男孩为什么会不懂珍惜呢？道理很简单，当生活中一切物质来得太容易的时候，他就不会去珍惜。

很多家长认为男孩不知道珍惜眼前的这些物质不是大问题，尤其是对童年时期在物质匮乏中长大的父母来说更加如此。当他们成家立业后，经济条件相对好了起来，小时候吃过的苦历历在目，便会越发宠爱男孩。有种把自己童年没有体会到的好吃的、好玩的都让男孩帮自己体验过一番的意味，似乎是在

好好好，妈妈都给你买。

妈妈，我要吃这个、那个，还有那个。

②

嗯，好，妈妈买！

①

妈妈，我要买这个、那个，还有那个。

妈妈你再帮我买新的玩具吧。

如果这次的零食你浪费或者吃不完，那么要等你吃完这些才能给你买新的。

好的，我不会浪费的。

④

③

弥补自己小时候的缺失。但是，男孩对于物质的轻易获取，使他丧失通过自己努力获取的能力，很难培养出他吃苦耐劳的品质。男孩刚开始可能只是对玩具不珍惜、对零食浪费，慢慢地会演变成对自己的学习、身边的情感不去珍惜，严重者会无法规划未来，甚至迷失自我。

那么，该怎么样让男孩学会珍惜自己拥有的一切呢？父母可以从以下几点做起：

1.掌握"延迟满足"和"事先约定"的办法。对于男孩的许多要求，父母无需第一时间满足。在满足之前要与男孩"约法三章"。例如，在满足孩子买玩具的事情上，父母可以尝试这么说："如果你想买这些玩具，你需要爱惜他们。因为玩具是你的好伙伴，你要照顾好他们。如果可以，爸爸妈妈会帮你买你最喜欢的玩具，但是不能贪心，一次只能选择1到3个玩具哦（具体数量根据家中玩具数量而定，家中玩具多则低数量，反之，则高数量）。"关于零食或其他物品也可以使用这种"事先约定"的办法，既可以锻炼男孩说话算数，又可以教会男孩懂得珍惜。

2.摄影作品教育法。现在网上有很多反映贫困孩子读书难的摄影作品，父母可以给男孩展示并描述照片背后的故事，以激起男孩的同情心，使其懂得珍惜自己的生活和学习机会。例如这样一张照片：在破旧的教室里，一位十来岁的小女孩抱着两岁左右的弟弟在上课，一边听课一边用手轻拍弟弟的背，哄弟弟睡觉。因为家境贫寒，父母外出打工，留下小女孩和弟弟在家由爷爷奶奶照顾。年迈的爷爷奶奶需要下地做农活，弟弟没人带，小女孩不得不带着弟弟来上学。这张照片可以帮助男孩了解到留守儿童的处境：身边没有父母的守护，没有优渥的学习条件，从而可以启发男孩珍惜父母的陪伴和眼前的优越的生活、学习条件。

3.对男孩的良好行为表示赞美。在父母的积极引导下，如果男孩在生活中发生了可喜的转变，开始珍惜玩具、零食、书本、服装……父母就应当及时表扬他的进步，以正面强化男孩的良好的行为，这也有助于男孩养成珍惜物品的好习惯。

男孩不懂珍惜的"败家"行为，是因为缺乏正确的引导。希望每一位父母能成功地培养出男孩懂得珍惜的品质，愿每一位家庭拥有懂得珍惜的男孩。

▶ "放养"男孩子，好过"圈养""小皇帝"

　　现在很多父母对自家的男孩都极为宠爱，含在口中怕化了，放在手上怕冻着，对男孩的抚育可谓无微不至，可也因此培养出了一群娇贵的"小皇帝"。被圈养的"小皇帝"的典型特征是不能受一丁点儿委屈。如，男孩稍微有点儿不舒服，便不想上学，父母就赶紧写病假条，却没有考虑到这样做对孩子是有益还是有害。

好想出去和小伙伴一起玩啊！

不行不行，外面太危险了，你就在家里玩吧。

妈妈来做就好了，你去刷牙洗脸吧。

①

②

我不会叠被子，谁能帮帮我？

他怎么什么都不会干啊！听说他每天就呆在家里，连门都不出！

同学们都笑话我！这都是你的错！

③

④

　　"小皇帝"从小过着衣来伸手、饭来张口的日子。有的男孩甚至对于父母给予自己的宠爱还百般挑剔，让父母难过。这些都是源自男孩没有接受正确的教育，对所获得的一切觉得"理所应当"的缘故。以下这则小故事也许能给父母们带来一些启发。

　　从前有个财主家财万贯，他的儿子不学无术，过着衣来伸手、饭来张口的生活，财主从不教育他。一个有学问的人艾子提醒财主让儿子去接受教育，财主却不以为然，艾子便把他的儿子叫来问大米从何处而来，财主儿子答，米是从米缸中来的。

　　财主儿子的话虽然荒唐可笑，但也应当引起我们的思考。这位财主父亲从未告诉男孩米真正从哪儿来，通过哪些烦琐的种植、培育、收成、加工的工序，经过了哪些人的付出和努力才到米缸里。儿子不了解外面的世界，不通世务，怎么可能知道米的来历呢？同理，现在很多男孩每天在"圈养"的环境中被"供养"着，无法和外界世界联结，也有很大可能会变成愚钝、不通世务的"败家子"，所以他们需要得到"放养"，才能全面地了解外界的事物，丰富成长阅历。

　　"放养"，就是让孩子到广阔的环境中发展，父母给予他较大的自由，不拘束他的天性，也不对他进行过度的保护。放养能将男孩从懒惰、脆弱的阴霾中拽出来，让他们感受到生活的激情与力量。

　　"放养"的男孩大多开朗活泼，勇于挑战，他们不同于"圈养"出来的"小皇帝"，会表现得更加独立、坚强，而且他们会更加珍惜父母提供的物质条件，不会随意糟蹋浪费。

　　至于放养的方式则有很多，比如，父母可以给予男孩充分的自由玩乐时间，在确保安全的前提下不要总是贴身保护；父母还可以带男孩走出家门，到美好的大自然中尽情撒欢，到乡村原野去体验农家生活，到旅游胜地去增加更多见闻，等等；此外，父母还要注意给男孩足够的个人空间，让孩子能够获得被尊重的感觉。

　　需要提醒的是，"放养"可不等于"放任"，对于男孩的成长，父母绝对不可撒手不管，在很多问题上还要做好教育和引导工作，只是不能管的太多、太滥。所以父母一定要把握好分寸，才能通过"放养"教出有出息的男孩。

不虚荣、不攀比

少许的虚荣心对男孩而言，是一件好事情，说明男孩长大了，需要在他人面前证明自己了。但是虚荣心过重却是一种扭曲的心理状态，会影响男孩的身心健康。

像一些男孩不断地通过与周围的人攀比去获得荣耀感，这就是虚荣心过重的表现，是一种极端害怕自我被忽视的性格缺陷。漫画中的两名同学就是这样的例子：他们不断炫耀自己的手机、自家的汽车，只是为了获得男孩的

听说你们同学都用"苹果"手机，要不要也给你买一个？

我是很喜欢，但是我觉得太贵了。等爸爸妈妈换手机的时候把旧手机给我就行了。

① 你看看这手机多好玩，你有吗？

② 你们家是不是很穷啊？都没有小车接你放学。

同学都是爸妈用小车接的，妈妈骑自行车会不会丢你脸啊？

怎么会呢，妈妈。在学校学习用功才是最重要的，怎么回家没关系的。

③ ④

崇拜。当得不到期待的回应的时候，他们可能会变本加厉加大炫耀筹码，这是非常可悲的。虚荣心太旺盛，是这个年龄阶段的男孩承载不了的，会引起强烈的嫉妒心，会让男孩生活在痛苦中，自我承受能力降低，情绪不稳定，还容易因虚荣心作祟而编织谎言。

那么，为什么男孩会有强烈的虚荣心呢？

通常情况下是由于父母错误的示范。有的父母为男孩营造着一种攀比的环境，天天在男孩耳边不停地说谁家买了新房子，谁家换了新车，谁家孩子读了名校，谁家出国旅游等。耳濡目染，男孩不学会攀比都很难。加之很多父母把男孩当成工具，为了实现自己未能实现的梦想，要求男孩为父母争面子，同样也在潜移默化中将男孩的思维方式推向合理化虚荣心和攀比心的境地。

因此，想要男孩树立正确的价值观，还是得从父母身上着手，父母率先不虚荣、不攀比，才不会教出虚荣心过盛的男孩。

为此，父母首先要教男孩"知足常乐"的道理。对于父母提供的物质基础，男孩要学会满足，不要总和别人进行无谓的攀比。其次，父母要从自己开始，改掉一些死要面子活受罪的做法，要让家庭消费与收入相称，不要打肿脸充胖子，这样才能给孩子带来好的影响。

最后，父母还要引导孩子去认识什么才是人生中最重要的，那些奢侈的外物只能带来短暂的愉悦感，内心的富足、充实才会产生长久的快乐。经过这样的教育后，男孩也能减少很多攀比之心，心态会变得更加平和，会把心思多用在学习、阅读、写作、运动等更有意义的事上，自然也会成为一个有出息的孩子。

 不一样的体验

"穷人的孩子早当家",这句话不无道理。穷人家的孩子往往更早意识到自己需要努力才能获得回报,更早明白父母需要自己的奋斗才能生活得更好,更早地背负家庭的期待前行。也许当生活富裕的孩子在玩游戏的时候,他们需要帮家里务农;也许当生活富裕的男孩在旅行的时候,他们需要勤工俭学,而这也培养了他们顽强的意志力,可以让他们从容应对生活的挑战。

香港特首梁振英的胞姐梁桂香曾在《三岁时的冷馒头》中写道:"振英三岁,妈妈便送他进学前班,要上大半天,需自备午饭。因为家贫,妈妈通常蒸一大锅馒头,振英每天早上就带着一个搪瓷漱口盅,一个馒头,径自上学去……我因为读的是下午校,每天可以在家吃完午饭才上学。饭桌上,我常常看到妈妈边吃饭边红了眼,因为大家吃着热饭暖菜,就会想起在外面啃着冷馒头的弟弟。"生活如此艰难贫苦,但梁振英从来只是默默承受,"从未埋怨"。像他这样的穷人家的孩子意志力的坚定程度让人佩服,他们珍惜眼前的机会,更懂得珍惜通过努力获得的来之不易的美好生活。

现在有些家庭生活富裕了,却忽视了对男孩的艰苦奋斗精神培养,让他们成了缺乏意志力的弱者。那么,该如何培养男孩的意志力,让他能够成长为生活的强者呢?

父母不妨给孩子换一个环境,让他品尝一下生活的艰辛,获得一种不一样的体验。比如让生活在城市、不曾了解另外的世界、养尊处优的男孩,去条件艰苦的农村生活一段时间。男孩在体验"穷人家的孩子"的生活时,学会克服眼前的不适,适应环境的能力增强了,并懂得控制自己的情绪,意志力得到了锻炼。

伟大的思想家孟子云:"天将降大任于斯人也,必先苦其心志,劳其筋骨,饿其体肤,空乏其身,行拂乱其所为,所以动心忍性,曾益其所不能。"这段话深刻地警示着后人:想实现自己远大的理想与目标,需要有超强的意志力、非凡的吃苦耐劳的精神。生活在富裕环境的男孩处在顺境,没吃过什么苦头,没遭受过什么磨难,身边的一切似乎都那么的理所当然,以至于不珍惜。通过困苦生活的锻炼,男孩会体验到一种落差感。这种落差感可以刺激他去反思,进而懂得珍惜眼前父母提供的舒适生活。

需要提醒的是,男孩体验生活后回到家庭中,父母需要配合男孩的新观点和新习惯,强化男孩在体验中逐渐形成的一些好的习惯,并鼓励男孩坚持,这样才能让成果巩固,也能让男孩逐渐变得坚毅、强大、不怕困难。

"富"了物质，毁了前途

如果家庭突然变得富裕，往往会对男孩的成长造成困扰。此时的父母还不确定如何使用和管理他们的财富，在对待男孩时，结果他们尤其容易犯错。他们想用钱让男孩度过快乐的时光，结果，他们想用钱去宠爱和娇惯男孩，因为他们觉得，再也不用在任何事情上吝啬钱财了。结果，他们常会失望地发现"富"了男孩的物质，却会毁了男孩的前途，让男孩慢慢变成问题儿童。

如果在"富裕"之前男孩已形成正确的贫富观念，则许多问题都可以避免。反之，可能会出现以下情况：

男孩会被突然而来的富足的物质生活冲昏头脑，以前爱学习的男孩，也许会开始轻视学习；以前谦虚的男孩，也许突然变得傲慢起来。很多关于金钱的观点也随着物质条件的变化而变化。突如其来的财富，对男孩而言好像直接到达了追求的"终点"，似乎他不需要再为学习而努力，为同学之间的相处而花心思了。此时如果父母忽视对男孩的正确引导，后果不堪设想。

漫画中的老师问男孩"万一财富消失怎么办"，对男孩而言犹如当头棒喝，成功启发了男孩的思考。财富不是永恒的，如果不懂珍惜，肆意挥霍，终究会是一场空。这世界上什么才是稳定持久具有意义的呢？是通过不断学习所获取的知识、无限的智慧和高尚的美德。父母也可以对孩子进行类似的启发，以培养他形成正确的价值观。

人一生短暂，并不是只有物质生活。物质从来都只是幸福生活的基石，而不是顶点。从基石到顶点的过程中还有爱与希望、愿望与梦想，自我价值的实现，作为人类一员为社会做出应该有的贡献等。这些道理都是父母平时应当经常给孩子讲解的，如果孩子太小，听不懂，父母还可以将道理融入有趣的故事中，让孩子幼小的心灵获得触动。

愿所有家庭的男孩都能像漫画中的男孩一般，最终能拥有健康的价值观，能客观看待这个充斥着物质的世界，不受贫富干扰，明确自己的理想、坚定自己的目标，并为之努力。

"啃老族"都是惯出来的

"啃老族",泛指成年后依旧未完成精神"断奶"的人群。啃老族并不是没有就业能力,而是他们不愿意工作,毫无斗志,只想依附且消耗父母的财富。他们其中有些人是主动啃老,有些是被动的。其中主动的"啃老族"对于自己的啃老行为不以为意,视为理所当然。之所以会有这样的心态,也是因为从小受到父母娇惯,以致养成了好逸恶劳的习惯。

不用这样,要作业本妈妈直接买给你就行了。

妈妈,老师说在学校可以通过劳动换作业本。

① 爸爸,以后我要是找不到工作怎么办?

怕啥,有爸爸在呢,爸养你。

② 哪些同学愿意通过劳动换取作业本呀?举手我看看。

哎呀,累坏了吧?妈妈不是说给你买吗?

妈妈,我不仅不累,而且很开心呢。

③　④

因此，父母应从小培养孩子吃苦耐劳、不贪图享乐的好习惯，尽可能地消除男孩啃老的思想。为此，父母要做好以下这几方面的工作：

1.让男孩适当了解家庭实际条件。很多父母担心坦承家中的经济问题会给男孩造成心理负担，会影响他的学业，甚至担心男孩因此自卑。其实这种担心完全没必要，只要家长正确地引导，这反而可以帮助男孩更加理解父母、心疼父母，并成为他努力学习的动力。

2.让男孩了解父母的艰辛。假期带男孩体验父母的工作，让男孩观察父母工作时的辛劳与不易，会让男孩深受触动。有句话叫"耳听为虚，眼见为实"，男孩在听父母介绍过家庭情况后，又亲自参与或观察父母的工作，就更能让他学会珍惜眼前的幸福生活，还能引发他思考这样的道理：劳动才有收获，不劳而获是不可能的。

3.树立远大目标。父母需多多利用和男孩相处的机会，与男孩探讨关于未来的规划，鼓励支持并给出参考意见。这样做的意义在于：每一次探讨都可以加深男孩对梦想的肯定，梦想在他心中的画面也会愈来愈清晰，有助于激励他为之奋斗，为之坚持，从而避免让他成为依靠父母才能生活的"啃老族"。

4."啃老族"其实都是惯出来的。"惯"并不是真正意义上的爱，父母需正视这一点。真正的爱是教会男孩自食其力、勇往直前，而不是遇到小小挫折就缩回巢穴自舔伤口；真正的爱是要引导男孩为家庭贡献属于自己的一份力量，不惧风雨与磨难；真正的爱是像老鹰在高空松开小鹰让它学习飞翔，父母也要有老鹰一样的决心，才能把男孩培养成搏击长空的雄鹰。

▶ 人"穷"志不"穷"

似乎总是如此，家中的教育氛围影响着男孩的思想，进而会决定他一生的志向和前途。当老师询问每位孩子的理想时，漫画中的男孩低头不语，这沉默其实透露出一种自卑。男孩认为自己的人生和远大的志向没有关系，甚至不敢去奢望理想和追求。对这类男孩所处的家庭而言，将来能完成学业，顺利找到一份谋生的职业就是最大的成就了，父母并不懂什么是海阔天空，什么是顶天立地，也无法把正确的人生观带给孩子。

什么理想不理想的，对我们家来说都是不靠谱的。你以后只需努力赚钱就行了。

妈妈，老师今天问我们的理想是什么，我回答不出来。

① 同学们你们的理想是什么啊？

做医生　做老师　做宇航员

②

我想长大了以后赚钱给妈妈，但是我更想做一名科学家。

对不起，妈妈之前不该那么说。妈妈为你有自己的理想感到自豪。

妈妈，我能有自己的理想吗？

③　④

这类父母可能不会让孩子在物质上受穷，但却会"穷"了他的志向，让他的精神世界变得一贫如洗，这种"精神贫穷"比"物质贫穷"更可怕。精神贫穷会使男孩丧失斗志，其典型表现是喜欢自暴自弃、自艾自怜、盲目自卑，最终难免一事无成。

要怎么做才能避免男孩"穷"了志向呢?

1.父母要有自己的理想和追求。父母是男孩的首任老师，在男孩的生长环境中，父母倘若鼠目寸光，每时每刻只关注眼前一日三餐的话，很难给男孩带来良好的影响。反之，父母在忙碌的工作之余还能坚持曾经的志向，定期和男孩分享自己的目标进程，会在很大程度上激发男孩的斗志，让他也效仿父母树立志向。

2.鼓励男孩的"野心"。父母不要害怕孩子有"野心"，其实一些听上去不切实际的"野心"正是孩子有远大志向的表现，父母不但不能嘲笑、打击孩子，还应当进行适当的鼓励。第一个踏上月球的宇航员阿姆斯特朗6岁的时候就向母亲表达过这样的"野心"——"妈妈，我要到月球上。"他的妈妈虽然觉得不可思议，但还是选择了保护孩子的志向，温柔地对孩子说："好，你从月球回来时，别忘了回家吃晚饭。"这种做法是值得父母们学习的。

3."传记"刺激法。许多成功人士都出版了关于自己人生经历的书籍，父母可以和男孩分享其中的内容。成功人士的经历一定会让男孩心潮澎湃，在一定程度上也能刺激男孩以成功人士为榜样，树立自己的远大志向，并为之奋斗拼搏。

志向就像指路的明灯，能够让男孩尽早找到人生奋斗的方向。拥有了远大志向的男孩，更容易获得成功，也更有可能成长为有出息的人。所以，请父母重视男孩志向的培养，让他能够成为有理想并敢于最求的成功者。

花钱换来的朋友，也更容易失去

　　从前，有只小猪，每天给小兔子一颗糖，小兔子感到很开心，觉得小猪真好，还和小猪做了好朋友。久而久之，小兔子习惯了有糖的日子，等到突然有一天，小猪因为生病了，没有给小兔子送糖，小兔子就生气了，不由分说地质问小猪："你今天为什么没有给我送糖？"还在生病的小猪感到难过极了，认为小兔子不但不关心生病中的自己，还觉得自己送糖果是理所当然的。从此，小猪就不再给

①

我忘了带饭票，你可以请我吃午饭吗？

好啊，我请你。

哇，你可真好。以后我们就是好朋友啦！

哈哈，好啊！

②

你和他现在真的是好朋友啦？

只是觉得他人傻钱多，我才没有真的把他当好朋友呢。

这个月你要多少零花钱啊？妈妈尽量满足你。

妈妈，您少给我点儿零花钱吧。我想以后节俭一点儿。

③

④

小兔子送糖了，它俩也无法再继续做好朋友了。这个故事告诉我们，如果一开始的方式不对，友情就难以持久，特别是那些用金钱换来的友谊，更是容易失去。

漫画中男孩用花钱的方式换取友情，就是一种不成熟的交友方式，这换不来真心的朋友。

男孩在听到好朋友背后的话语后，感到十分受伤。于是，这份短暂友情也宣告结束。当漫画中的母亲问男孩下个月需要多少零花钱时，男孩已意识到了花钱买不来友情这个道理，于是主动向母亲提出减少零花钱的意愿。

对于被金钱伤害过友情的男孩来说，坚决不当"败家子"也是一种防御机制，这样可以避免友情掺杂上金钱的气息，不纯粹、不真诚。

如果你家中的男孩也遇到了类似的情况，你应当及时对他进行开导，帮他认识什么才是真正的友谊，培养正确的金钱观念。

首先，要告诉男孩友谊绝对不是建立在金钱基础上的。友谊是朋友间互相理解、惺惺相惜，这种感觉是多少钱都买不来的；其次，友谊的深厚程度也不能用金钱来衡量，不能因为某人愿意付出金钱就把他当成好朋友，也不能因为他拿不出足够的金钱就疏远他，这些做法都会让友谊变质；最后，父母还要留心男孩的日常消费，如果发现他有花钱买朋友的苗头就要坚决制止，并控制他的零花钱，这样才能避免男孩在错误的道路上越滑越远。

第七章
Chapter 7

我可以玩得好，学得更好

- 满脑子都是网游，怎么办
- 遇到考试就紧张
- 逃课行为真的很酷吗
- 学习是我自己的事情
- 我的兴趣我做主
- 关于手机和平板，我要取其"精华"，
  去其"糟粕"
- 好学生肯定不是"书呆子"

满脑子都是网游，怎么办

很多父母都有这样的疑问，为什么男孩会满脑子都是网游？他只要一有空就想去网吧，有时甚至还会逃课上网。父母训斥他，他听不进去，让父母伤透了脑筋。

1.其实，对于男孩爱上网打游戏这件事，父母应当客观看待。男孩对网游着迷，和父母迷恋麻将、抽烟、喝酒其实并没有什么不同，都是在其中获得了一种叫"多

①

你去哪儿了？这么晚才回家，妈妈担心坏了。

我去同学家写作业了。

②

儿子，你是不是喜欢玩游戏啊，妈妈改天陪你一起玩，好不好？妈妈以前太忙了，都没时间陪你。

妈妈，要不我们回家吧？我的书还没看完呢。游戏其实也没那么好玩儿。

好，回家妈妈和你一起看书。

③　④

巴胺"的分泌物。多巴胺能影响人的情绪，能激发人对事物的欢愉感受，使人对该事物产生热烈追求。网游也为男孩提供了交友平台，让他能够借助网络交到许多朋友，更是让他"乐不思蜀"。

2.男孩的觉察力是很强的，他们深谙父母的套路，会采取"打游击战"的方式躲着父母上网。有一些男孩其实网瘾不大，只是在家玩玩游戏。但是父母看见如临大敌往往采取强制性的扼杀手段，如把电脑的网线拔掉，关掉电源把电脑拿走等。这样的行为只会引发男孩强烈的反感，为表示抗议，男孩常会变本加厉。

由此可见，对于男孩沉迷网游的问题，父母一味打压并不可取。那么，怎么样可以帮助男孩从沉迷网游回到学习中去？

1.帮男孩合理分配时间，而这可以通过制订计划表来实现。在表中要根据男孩的作息，分配好时间学习、娱乐，比如规定放学后几点到几点是学习时间，学习任务完成后，允许安排1~2小时娱乐活动，但娱乐内容不能全部是网游，也要有其他类型的活动，如体育运动、听音乐、下棋等等。建议家长和男孩一起制计划表，可以让男孩有种参与感，并感受到父母的尊重。

2.不盲目指责男孩热衷网游的行为。父母可参考以下的语术："爸爸妈妈爱你，但是不喜欢那个沉浸在网游中的你。"要让男孩明白，父母是爱自己的，父母的反应是出于爱，而不是讨厌自己。父母不让他玩网游也不是故意和他做对，而是希望他不要浪费宝贵的时间，要把在游戏中虚耗的时间用来做更有意义的事。相信父母对男孩做这样的思想工作，会比不留情面的斥责更容易被他接受。

3.父母还可以根据男孩的不同沉迷程度交替或结合使用几种办法：（1）恩威并施法。在男孩学习时给男孩多一些关注，多一些赞美，甚至会投其所好准备一些小惊喜给男孩；（2）干预法。转移男孩注意力，带他去吃喜欢的食物，买喜欢的玩具；（3）替代法。培养孩子多方面的兴趣爱好，把对网游的热度转移到爱好中去，从而达到教育的目的。

当然，想要转移男孩对网游的兴趣，并不是一件容易的事情，短时间不一定会有明显的效果。对此，父母要有足够的认识，要对男孩多一些耐心和信心。相信男孩在父母之爱的环绕下，可以平衡好游戏和学习的关系，既能玩好，又能学好。

 遇到考试就紧张

紧张感过高会严重影响男孩在考试时的心态，进而会影响考试成绩。紧张感是由什么导致的？

1. 源于父母和老师的期待。养育者和教育者的过高期待在无形之间给男孩施加了许多压力。男孩害怕自己让父母和老师失望，所以给了自己很大的压力。压力越大就越紧张，考试也就越难正常发挥。

2. 信心不足。较难的考试科目，会让男孩感到心烦意乱。在考试前感到兴奋，这是男孩紧张感增加的表现。因为他们害怕考试不及格，而且觉得自己能力不如别人，所以有种强烈的自卑感。我们可以反推，如果一个男孩对考试的内容信心十足（也许是通过上课认真学习或者下课复习），是稳操胜券的心态，怎么会害怕考试呢？

3. 内心排斥考试。考试是为了检验学习的成果，但有的父母却过于看重分数，会因考分过低指责甚至打骂男孩。这会让男孩理解不了学习和考试的意义，对考试抱有消极的态度。一到考前他们还会特别紧张焦虑，担心自己考不好又会被父母训斥。

了解了上述这些让男孩考前紧张的原因后，父母就应该采取措施让男孩保持良好的心态应对考试。

1. 父母需正确看待男孩的考试成绩。对于在学习期的男孩来说，考试成绩常常是不稳定的。原因一方面来自老师出题难易程度常有交替，另一方面，不同的课程，男孩的理解、记忆程度也会有高有低，所以成绩有起有落是非常正常的。因此，父母需客观地对待男孩的考试成绩，不要对某次成绩的不理想而大惊小怪，要与男孩探讨错题，分析哪些知识未掌握好，鼓励男孩在考前多多复习，才是帮助男孩进步的良方。

2. 提醒男孩做考前放松活动。如漫画中的父亲对男孩的做法，在察觉到男孩紧张的情绪影响考试发挥时，父亲便带男孩去踢球，以放松他紧绷的神经。类似放松的活动有很多，如父母和男孩一起骑自行车、打羽毛球、游泳、爬山，一起看一部有趣的电影等，都是不错的放松方式。

男孩的一生会面临很多不同的考试，有在学校的考试，也有将来步入社会后不同形式的考试。男孩只有今天能成功面对学校考试的紧张感，才能在将来面对社会的考试时也能做到从容不迫。

逃课行为真的很酷吗

男孩爱逃课是让父母最头痛的事情，可你想过他逃课的深层原因吗？

很多男孩内心希望可以探索各种可能性，但在校期间却要受到各种规章制度的限制，因此，冲突也就无可避免了。在学校，老师期望男孩独立学习，期望他自己整理好课本和文具，期望他把事情做得井然有序。这就好像要

① 你怎么不用上课？
当然不用啦，我逃课了。

我认识他，下次逃课要不要带上你一起去玩儿？

你看他逃课了，好酷。

② 妈妈，如果我逃课怎么办？
那妈妈会伤心。妈妈相信你是自律的孩子。

③

④ 跟哥走，哥罩着你不受欺负。带你吃好玩好。
我不能这么做，我爸妈会伤心的。我现在要回教室去学习了。

把一匹桀骜不驯的烈马套在马车上，常会引起它的反抗。逃课就是一种反抗的表现。另外，学习成绩不好，和同学相处不融洽，都会引起逃课这样的逃避行为。更有一部分男孩喜欢模仿他人，觉得逃课很酷，所以也学别人一样逃课。

由此可见，引起逃课的原因很对，父母首先要搞清楚原因，才能"对症下药"，解决逃课问题。如果单纯依靠批评、打骂是很难产生效果的。

因此，为男孩逃课问题烦恼的父母可以参考一下漫画中母亲的做法：漫画中的男孩在产生"逃课"的心思时，被母亲敏锐地察觉到，母亲没有严厉责备他。而是在第一时间表达了对男孩的信任和期待。这种做法值得每一位父母学习：1.男孩提出问题时，妈妈要积极关注，给予男孩尊重。2.用温柔的眼神传递用"妈妈爱你"的情感，使男孩的心灵获得抚慰，可以消除不安。3.在回答孩子问题的过程中对男孩进行引导："妈妈会伤心的，妈妈相信你是自律的孩子"，这样的话语可以给男孩强烈的心理暗示。一方面表达对男孩的信任，另一方面赞美男孩的自律。相信听到母亲这么说，男孩就会对自己萌生"逃课"念头羞愧得无地自容了。4.要告诉男孩逃课的害处，帮男孩认识到逃课一点都不酷，而且还会让他损失很多学知识的机会。

此外，父母也要多和老师沟通，以便了解男孩在校的各种表现，并可以和老师一起协商制定对策，帮助男孩提高自控能力和对学习的兴趣。这样，男孩爱逃课的问题就会慢慢减少。

学习是我自己的事情

德国著名思想家歌德说："人不光是靠他生来就拥有一切，而是靠他从学习中所得到的一切来造就自己。"

这充分说明了学习的重要性。但有的男孩却总是认为学习是为了让父母满意，给家庭争光。带着这样的心态，男孩对学习这件事就会表现得不够积极。因此，我们需要培养男孩学习的自觉性，要告诉男孩，学习的目的从来都不

①

妈妈觉得你把学习安排得可真棒，还能给妈妈多说点你的计划吗？

你能告诉妈妈你放学回家都是怎么安排自己的学习时间的吗？

我会先写英语作业……最后写语文，因为我语文不太好，所以需要花时间去思考。

写完作业以后，我会预习书本后面的知识。预习完后我想看自己喜欢的动画片，妈妈您同意吗？

②

儿子做得真棒！妈妈听了很开心。看动画片挺好的，劳逸结合，妈妈同意。

妈妈，睡前我会看看课外书，拓展知识。

太好了！妈妈周末带你去玩吧，可以放松一下。平时你学习辛苦了。

谢谢妈妈，不辛苦，学习是我自己的事情。

③

④

是为了完成作业、报答父母、赢得亲戚羡慕的目光。学习是为了帮助自己获取知识，并学以致用，使自己有能力去解决生活中面临的种种困难，从而成为一个有出息的人。父母首先需要从长远角度看待学习的深层意义，而不是停留在表层。只有这样，在教育男孩拥有学习的自觉性的时候，父母的语言和行为才能发挥作用。不难发现，当父母说"你不学习，你的成绩就会糟糕透顶"时，男孩往往是拒绝的，似乎永远起不到鞭策男孩进步的效果。而当父母说"我希望你能热爱学习，因为学习能使你充满力量，去战胜无知和懒惰"时，却可以轻松达到鞭策的效果。这就是因为后者可以启发男孩思考学习的真正目的，能激励他为自己学习。

那么，该如何有效地训练男孩的学习自觉性呢？

1.培养学习的积极性。漫画中的母亲引导男孩整理自己的学习计划，赞许男孩的学习安排，并鼓励男孩劳逸结合，让男孩在完成学习计划后可以开心玩乐。这都能够让男孩对学习产生兴趣，使他变得更加积极。需要注意，父母给男孩学习后玩乐时间的许诺要确保百分百执行。若父母的承诺朝令夕改，将会失去男孩的信任，男孩也会失去培养学习自觉性的动力，所以，要争取让男孩玩就玩好，学就学好。

2.升华学习的意义。父母还需要为男孩树立远大目标，并要让他认识到：无论他将来想成为什么样的人，学习都是通往前进道路的最重要的途径，没有之一。如此就能让学习的意义得到升华，男孩在学习时也会充满干劲。

3.先实现一个小目标。父母可以在长远目标的前提下帮男孩设定阶段性的小目标。比如，男孩的长远目标是成为一位翻译官，阶段目标可以是一天背20个单词。单词数量多少根据男孩的学习状态灵活变动，保持适度原则，目标过高或过低都不能起到好的效果。有了小目标，男孩在学习中可以获得更多动力。因为他每完成一个小目标，都会获得成就感，可以推动他向下一个小目标迈进。

我的兴趣我做主

男孩在自己的兴趣爱好上充满热情，他们愿意付出时间与精力去钻研和摸索，父母可以利用这一点，激发男孩对学习的热爱。

漫画中，当听到男孩想要的礼物是一本《三国演义》时，聪明的母亲马上意识到了男孩对历史有浓厚兴趣，母亲不仅马上买回了历史书，满足了男孩的愿望，还用开放式的问题，鼓励男孩谈自己读书的感受。男孩在分享自己感

① 你生日想要什么礼物呀？

谢谢妈妈，我想要一本《三国演义》。

你能告诉妈妈你最喜欢这本书的哪部分吗？

是赤壁之战。诸葛亮实在太厉害了。

②

这次你的《我与家人的赤壁之行》写得非常好。文章结合古今，畅抒胸臆，好极了。

谢谢老师。

暑假您可以带我去赤壁古战场吗？我想亲眼看看。

行，我们暑假去。

③ ④

受的过程中表达了自己对历史人物的看法。男孩渴望去赤壁古战场的想法也得到了母亲的积极回应。这些都能够引发男孩对历史知识的兴趣，也帮助他在学习中取得了良好的表现。

母亲培养男孩兴趣的做法值得我们学习。作为父母，应当发现并尊重男孩的兴趣，并要想办法将这种兴趣引导到学习中。

在生活中，男孩也许经常会流露出对一些事物的喜爱，对此父母应当重视，比如，男孩对公园里草丛中的蚯蚓好奇，询问父母蚯蚓的由来时，如果父母的反应是"快扔掉，那东西太脏了"，那孩子就会受到打击，失去了对生物知识的兴趣。如果父母换一种应对态度："蚯蚓很特别，有人用它来钓鱼虾，有人用它来泡酒。有人会特意养殖它。它吃得很多，每天要吃和它体重相等的食物才能满足呢。"效果就会大不一样了，相信男孩听到这一番话，可能会对蚯蚓产生浓厚的兴趣，并会用心学习相关知识，将来也许就能成为一位生物学家。

是的，男孩的兴趣应该让他自己做主，父母没有权利干涉，更没有权利扼杀他的好奇心。更多的时候我们看到的是，父母对男孩的培养伴随着很强的主观色彩，如果刚好男孩的兴趣与父母"想要男孩去产生兴趣的事物"相吻合，则皆大欢喜；若不巧男孩的兴趣和父母的期待不吻合，父母就会百般限制或阻挠男孩发展自己的兴趣，这只会引起男孩的强烈抵触。

事实上，每个人都用自己的兴趣。父母不应将自己的兴趣强加给男孩，而应支持男孩的兴趣，男孩最终才会将兴趣和学习紧密结合，让兴趣成为努力学习的推动力。

关于手机和平板，我要取其"精华"，去其"糟粕"

凡事都具有两面性，只有"取其精华，去其糟粕"，方能使人不断进步。就像男孩喜欢玩的手机和平板，就既有消极意义，也有积极意义，父母不能完全禁止男孩使用手机、平板。

儿子，你的吉他越弹越好了哦。

谢谢妈妈。可能是因为我在网上看的教程，学到了技巧，所以进步了。

① 儿子，是什么声音呀？

是我设置的手机闹钟，每隔40分钟提醒我的眼睛休息一下。妈妈你也这么做吧，让我们的眼睛一起休息一下吧。

让您的眼睛休息一会儿吧！

② 坚持就是胜利哦！

谢谢妈妈，我感觉今天还可以再学几个单词。

唉，我们家的孩子整天抱着手机不放，担心他成绩下降，更担心他眼睛坏掉。你家孩子怎么做到能合理使用电子产品的？

④

③ 恭喜您，今天学习了45个单词哦！已累计学习168天了。

当初在拿电子产品给他使用之前，我就告诉他，电子产品有好的一面，能使学习更方便、涨知识；也有坏的一面，长时间玩儿会毁眼睛，伤身体。要发扬好的一面，摒弃它坏的一面。

使用手机、平板的消极面是众所周知的，过度沉迷电子产品产生了大量的"低头族"。男孩长期低头看手机，会导致颈椎变形，同时手机、平板的屏幕对眼睛的伤害较大。

不过，父母也应看到电子产品的积极因素，就像漫画中的这位母亲所说："电子产品能方便孩子的学习，可以让他更加容易地获得知识。"所以，对于电子产品不能持"一棒子打死"的态度，而应教会男孩"取其精华，弃其糟粕"。

为此，父母要注意最好以下几点：

1.督促男孩养成健康的生活习惯。比如，父母带男孩跑步、游泳、打羽毛球，既可以分散他对电子产品的注意力，又可使他保持健康的体魄。

2.陪伴男孩期间要专心。在陪伴男孩的时光里，父母应尽量保持手机处于静音状态，也不要总是当着孩子的面玩手机、平板，要尽量让亲子关系不受干扰。

3.帮男孩正确认识电子产品的作用。比如让男孩明白，手机是为了方便人际交往才被发明创造的，而不是为了"绑住"人们的手脚。人是手机的主人，不能让手机反过来主宰自己。

父母需要给男孩传递正确的观念：手机能给自身带来哪些好处，同时又存在哪些危害。男孩明白的道理越多，克制力越强；男孩对手机了解得越多，对其好奇心也越低。

4.教男孩合理利用手机。比如告诉男孩手机不能长时间使用，要控制时间，就像漫画中的男孩在手机上设置了休息提醒，有效地保护了眼睛。据研究表明，科学用眼的时间是40分钟，之后就让眼睛休息15分钟左右（看看远处，或起身活动喝杯水），都可以有效地缓解眼睛疲劳，起到保护视力的作用。

另外，父母可以指导男孩利用手机做些有益的事，比如，利用手机练吉他、学英语等等，都发挥了电子产品的积极作用，不仅丰富了男孩的兴趣爱好，也提升了男孩自主学习的能力，具有积极意义。

好学生肯定不是"书呆子"

书呆子，顾名思义，是指只知道读书，不知道灵活运用书本知识的人。

原来开朗活泼的男孩为什么会变成只知道死读书的"书呆子"呢？研究他的内心世界，会发现他可能总是想要超越别人，而且在这个过程中总是表现出一种过分的执着，并夹杂着一种过于旺盛的雄心。有的父母却没有发现问题，还觉得这是好事，甚至会鼓励男孩继续努力。但雄心过分膨胀会导致某种紧张状态，短时间内孩子可以忍受，但最终会表现出压力太大的症状。可能会花费

① 同学，你怎么不去上体育课呢？

不了，我要看书。

② 我们去食堂吃饭吧，吃完可以打会儿球。

不了，我要看书。

③ 我研究了象棋的新招数，你要不要去我家一起玩儿？

谢谢，我要回家写作业。

④ 没事的，你劳逸结合就好了。好学生可不只是功课好呢，要德智体美劳全面发展。

太多的时间在家里看书，而忽略其他活动。而且他还会长时间出于焦虑状态，在这种情况下，他的身心不可能得到健康的发展。

因此，父母要不时地提醒他，不要把太多的精力花在书本上，要出去呼吸新鲜空气，和其他小朋友一起玩耍，要让他多体验一些其他的事情，并要合理安排学习和娱乐时间，活学活用书本知识。惟有如此，才不会变成不知变通的"书呆子"。

具体来看，父母可以从以下几点对孩子做好教育引导工作：

1. 教男孩对书中的知识活学活用。比如，父母可以鼓励男孩阅读世界名著，将名著中一些好的句子摘抄下来，并通过加工，变成自己的语言，之后运用在与人的交流探讨中，丰富语言表达。

2. 教男孩对书中知识进行辩证的思考。人们常说"尽信书，不如无书"。这句话是非常有道理的，但是因为男孩年纪尚幼，无法把握其中精髓，他可能会以"书"为尊，哪怕对书中知识感到怀疑，却不敢质疑。对此，父母就要告诉他：书从来都是人们获得知识的工具，而不是主导人的"上帝"。所以对于自己不确定的地方，要大胆质疑、积极思考、多方验证，以获得准确的结论。当男孩能够做到这些的时候，就肯定不会是"书呆子"了。

3. 教男孩合理安排读书、娱乐、体育活动和休息时间。如漫画④中的老师所言：孩子应追求综合发展，德、智、体、美、劳同步提升。只玩不学，或只学不玩都是"亚健康"状态。所以，父母如果发现孩子只知死读书，不参加文体活动，就一定要重视起来，要想方设法给他安排些丰富的课外活动，使他能够获得全面发展的机会。

4. 教男孩设定合理的目标。在"书呆子"的世界里，也许有个只有读书才能实现的宏伟目标。这个目标也许已经超过了可以实现的范围，压得他喘不过气来，让他过分在意得失，甚至无法容忍自己的一丁点儿小错误。过重的目标会压垮男孩幼小的心灵，父母需在第一时间进行疏导。要告诉他有目标是好的，但不能忽视结合现实、稳步前行。

一个真正的好学生，是既可以玩好，又可以学好的。父母可以把这一理念灌输给男孩，让他不再死读书，成为一个全面发展的优秀人才。

第八章
Chapter 8

不靠"拼爹"靠"财商"

- "小钱"也是钱
- 要花钱，我自己去挣
- 劳动是最好的赚钱方式
- 辛苦挣来的钱，乱花会心疼
- 学学管好自己的压岁钱
- 钱是不能说的秘密吗
- 君子爱财，取之有道

"小钱"也是钱

波斯伟大诗人萨迪如是说："谁在平时节衣缩食，在穷困时就容易渡过难关；谁在富足时豪华奢侈，在穷困时就会死于饥寒。"从诗人的句子里，我们能了解到培养勤俭美德的重大意义。

然而，现在生活条件越来越好了，勤俭节约的美德却被不少人遗忘了。在家庭中，有的父母不重视"小钱"，把零钱随处乱丢，这也会给男孩造成很不好的影响。

哇，你可真厉害！

妈妈，你看，积少成多呢！

①

1角钱捡起来做什么？现在都用不到零钱了。

我上次看你在超市买塑料袋不是用的零钱吗？

②

哎呀，我这记性，忘记带购物袋了。

麻烦您，买个购物袋。

儿子，你可真行，妈妈向你学习。

我记得爸爸说过："小钱也是钱。"

③   ④

因此，父母应当以身作则，给孩子做一个珍惜"小钱"的榜样。

1. 父母不能在行为上看不起"小钱"。很多父母从超市回来，把零钱随手一扔；在外面掏口袋掉了零钱，也懒得弯下腰去捡。这些行为男孩都看在眼里，会让他逐渐形成这样的金钱观，即小钱无所谓，大钱才重要。对此，父母要做自我批评，并要告诉男孩这样的道理："小钱"有小钱的价值，江河大海也是由每一滴水汇成的，同样的道理，"大钱"也是由"小钱"组成的，所以，千万不能小看"小钱"。

2. 父母要珍惜每一分钱，才有助于养成男孩珍惜"小钱"的习惯。因此，父母可以给孩子讲一讲自己工作的辛劳。当孩子知道了钱的来之不易后，才会理解父母为什么节俭，才会珍惜每一分钱，珍惜一点一滴的劳动成果，才会懂得应如何从小事做起，严格要求自己。

3. 多为男孩讲述关于以俭为德的故事来熏陶男孩。比如，英国女王伊丽莎白二世经常说的一句英国谚语是"节约便士，英镑自来"，每天深夜她都亲自熄灭白金汉宫小厅堂和走廊的灯，她坚持皇家用的牙膏要挤到一点不剩。这样的故事会让男孩得到启迪，养成珍惜"小钱"的好习惯。

宋代政治学家司马光如是说："由俭入奢易，由奢入俭难。"今天父母倘若不培养男孩勤俭的美德，他日男孩难免养成奢侈挥霍的消费习惯，便很难再懂得节俭。所以父母要重视培养男孩的勤俭意识，并要从培养男孩珍惜"小钱"做起。

在现代社会，勤俭同样是一种"财商"。本着"开源节流"的理念，男孩不仅需要凭着自己的本领去创造财富，更需要懂得守财。古话云："发财容易，守财难。"男孩只有成功地把自己的财富守住了，才能继续创造更多的财富。所以，父母培养男孩珍惜"小钱"的行为是具有深远意义的。

很多人误把"勤俭"当作"吝啬"，其实这是一个很大的思维误区。勤俭指的是把钱省在该省的地方，勤俭的人大多朴素而具有智慧；而吝啬则是把钱省在不该省的地方，结果却让自己少了很多生活的乐趣。

勤俭不是小气，它是一种需要传承的美德。一个国家长远的发展，离不开勤俭；一个家庭稳固的幸福，离不开勤俭；受人尊敬的一个人，也会拥有勤俭的好品质。勤俭的男孩也不需要靠"拼爹",因为他们有办法经营管理好属于自己的财富,他们内心富足,而又充满力量,而这些就是父母应该从现在就教给男孩的道理。

要花钱,我自己去挣

　　男孩在成长的过程中会有很多喜欢的东西需要花钱去购买。父母不要马上满足他的所有要求，而应鼓励他依靠自己的头脑去赚取一些零花钱，在此过程中让男孩体验自给自足的成就感。

　　漫画中的父亲在知道男孩想购买自己喜欢的遥控飞机后，虽然拒绝了他，但却通过富有启发性的话语让他下定决心凭自己的努力去购买自己想要的玩具。不能否认漫画中的男孩的"财商"是非常高的，他准确地把握住了小伙伴和同学们感兴趣的目标商品，销售过程非常顺利。这次锻炼也提升了他的财商，更让他明白"要花钱，就要自己去挣"的道理。

　　有些父母可能在小时候家境贫寒，羡慕过富裕家庭的孩子过着应有尽有的日子，尤其在遇到经济上的困难的时候，曾不断幻想自己也有富有的父母，让自己衣食无忧，也许就不用这么辛苦了。这样的念头曾经在脑海中无数次出现过，给他们造成了深刻的印象。当他们有了孩子以后，随着自身经济条件好转，往往会拼命地为男孩花钱，以弥补自己童年的遗憾，努力去给男孩"富裕"的生活，严重者甚至鼓励男孩"拼爹"。这实在不是为人父母应该有的健康心态。今时不同往日，父母不能把自己曾经的经历强加在男孩身上，也不可能让男孩做一辈子的"寄生虫"。要知道无论现在父母把男孩保护得多好，在不久的将来，男孩走入社会的时候，仍旧需要依靠自己的实力才能更好地生活。

　　古语云："君子之泽，三世而斩。"这句话演变至今，可能有很多父母都听过"穷不过三代，富不过三代，"意思是贫穷的人家，只要子孙不断努力创造，不到第三代必定可以富裕起来；富裕人家的子孙如果不求上进，坐吃山空，再殷实的家产也不会撑过三代。

　　因此，无论家庭贫穷还是富裕，父母都应该培养男孩"要花钱，自己挣"的观念。这样一来，贫穷家庭中长大的男孩可以通过改变思想、塑造行为，去改变家庭的困境；富裕家庭的男孩也会生出雄心壮志，会勇敢地创造属于自己的财富。这样的男孩才称得上是有出息的。

　　如果钱来得太容易，往往很难引起男孩的重视。男孩只有凭借自己的"财商"挣来属于自己财富，才能懂得珍惜。男孩在挣钱花钱的过程中掌握了货币的流通

规则，形成了属于自己的财富观。不过，为了让男孩形成正确的财富观，父母应该让男孩明白，金钱不是生活的全部，它是物质生活的基础，我们去努力获得它的原因是我们需要充实物质生活，从而能无后顾之忧地追寻属于自己的理想。

祝每一个家庭的男孩都能够拥有健康的财富观！

劳动是最好的赚钱方式

① 妈妈看你最近需要用的零花钱变多了，为了帮你赚到更多的零花钱，妈妈做了一个劳动工资表，你看看满意吗？不满意我们可以再调整。

抹桌子1元，洗碗2元，扫地2元……谢谢，妈妈，我会认真劳动的。

妈妈，您看看我打扫得干净吗？

嗯，很好，这是你的工资。

② 妈妈，您看看我把碗洗干净了吗？

嗯，非常干净，这是你的工资。

③ 真乖，这项劳动该不会也是有工资的吧？

④ 有的。妈妈说工资是爸爸的赞美，不是钱。我们劳动表上都有呢。有的劳动工资是钱，有的劳动工资是爸爸妈妈的赞美哦。

劳动是光荣的。劳动可以创造出财富，也能够培养出吃苦耐劳的好品质，锻炼出坚强的意志。所以父母一定要培养孩子热爱劳动的好习惯，并要告诉他：劳动是最好的赚钱方式。

那么，怎样让男孩产生通过劳动赚钱的积极意识呢？

1. 在家中为男孩创造劳动的氛围。很多父母都希望男孩热爱劳动，但似乎没有起到很好的效果，尤其是爷爷奶奶在场的时候，让男孩劳动几乎是很难实现的。长辈心疼男孩，怕男孩累着了，舍不得男孩去劳动，父母也无计可施。所以最好的办法是先给老人家做思想工作，我们可以这样说："你们那个时候多能吃苦啊（赞美肯定老人的价值），从小就承担家里的重担，所以长大遇到天大的事都能抗住。现在的孩子可不行，养尊处优，受不了一丁点儿委屈，那可不行，得接受劳动锻炼。你们说是吗？"只有顺利获得长辈的支持，家庭中对男孩的劳动教育才可以更顺利地进行。

2. 和男孩共同制订"劳动协议"。父母应确保协议中的劳动项目在男孩所能接受的范围内。在共同制订协议的过程中，父母可以让男孩充分参与进来并发表意见，这样可以让男孩对今后的劳动产生责任感，避免男孩轻易放弃。

3. 及时兑现劳动报酬。男孩每完成一项劳动，父母须及时兑现约定好的"工资"或其他奖励。这是鼓励男孩坚持劳动的最佳策略。

4. 为男孩描绘美好愿景。很多男孩坚持劳动一段时间便放弃了，因为觉得太辛苦。为了给男孩一些坚持劳动的助推力，父母应投其所好，了解男孩在短期内的愿望是什么。例如：最近的假期男孩想去海洋公园玩，父母可以此来刺激男孩。爸爸妈妈可以这样对男孩说："爸爸妈妈看到你通过自己的辛勤劳动，赚到了越来越多的真正属于自己的零花钱，爸爸妈妈真替你开心。你还可以再坚持一下，这样你在假期就可以用自己赚的钱购买海洋公园的门票，还可以买自己喜欢的海洋公仔，想想真是太美妙了！"听到父母这样说后，男孩也会对美好的未来憧憬不已，自然机会坚持劳动了。

需要注意的是，有的父母在实施过程中采取的办法不当，忘记了教育男孩的责任和义务，使男孩做什么都向父母要钱，做什么事情都谈条件，这就会

让用劳动赚钱这件事发生变质。

怎么避免这样的情况发生呢？父母需要对男孩进行正确的"财商"教育，帮男孩客观地认识金钱，防止男孩对金钱过度追求，以致扭曲了原本健康的价值观。具体办法可参考漫画④：原来智慧的母亲早就把可能会"物化"情感的可能性考虑到"工资表"的设计中去了。除了有"明码标价"的劳动之外，还有"无价"的劳动。如帮妈妈倒水，帮爸爸拿拖鞋，帮爷爷捶腿，帮奶奶捏肩等都成了"无价"劳动，男孩从这些劳动中得到的报酬是什么呢？是亲情之爱。就像漫画中所说的，这类劳动的报酬就是亲人的拥抱、肯定的行为和赞美的言语……

这种做法值得父母学习，只要父母能够像这样正确地引导，男孩就能够形成正确的金钱观，会在用劳动堂堂正正赚钱的同时，不至于沦为金钱的奴隶。

辛苦挣来的钱，乱花会心疼

现在很多家庭的男孩都有花钱大手大脚的毛病，他们的口头禅通常是："这实在太便宜了""买买买""不差钱"……

男孩不断对父母提出各件物质要求，却似乎永远不会满足，要求越来越过分，直至父母精疲力竭。父母若不及时地采取措施，引导孩子树立正确的消费观念，当父母某一天无法再满足男孩时，可能听到的就是"你们不爱我""你们是小气鬼"之类气急败坏的话语，也会导致亲子关系遭到严重破坏。对于这类男孩，父母不妨让他学着自己挣钱，这个过程肯定是不容易的，但却能够让他意识到自己乱花钱是错误的事情。

就像在漫画中，男孩通过卖花的体验了解到了赚钱的辛苦。这就是一种很好的锻炼，品尝过挣钱的艰辛后，男孩自己就知道应该节俭，不能浪费。

除了这种方法外，父母还可以做些什么来培养男孩良好的消费观呢？

1.从身边的习惯抓起。父母要教育男孩注意节约用水、用电：离开房间要随手关灯，用完水应该及时关闭水龙头。男孩可从这些习惯中慢慢养成节俭的美德。对于一位节俭的男孩来说，乱花钱无疑会是痛苦的，这样也就达到了培养良好消费观念的目的。

2.父母也要理智消费。冲动型购买的父母，消费时不假思索，买完便捶胸顿足，这样的不健康消费模式会给男孩造成负面影响。反之，父母自身能做到理智消费，购买任何东西之前都"三思而后行"，男孩也可以受影响成为理智型消费者。因此，父母要从自身做起，教育男孩树立"该花的花，不该花的坚持不花"的消费意识。

3.写下购买清单，只购买愿望最强烈的那一个。当男孩要购买"非买不可"的物品时，父母可以建议男孩先写下自己的购买清单。一周后再问男孩："若你的清单上只能选择三样，会是哪三样？请再次写下来。"第三周后可以再次询问男孩："若这三样只能选其中一样，哪一样是你最不能舍弃的呢？请再次写下来。"当男孩写下唯一一个无法割舍的心爱物品时，父母便可以带他去购买了。

像这样的办法还有很多，父母可以在日常生活中留心观察，只要找到机会，就可以顺势教导男孩合理消费。通过这样的教育，男孩的"财商"也会进一步提升，日后更可自如地驾驭金钱，尽享幸福的人生。

▶ 学学管好自己的压岁钱

过年，想必是男孩最开心的时候，他不仅可以尽情地玩耍，还可以拿到不少红包。随着经济条件的提升，孩子的红包也水涨船高，从以前的10元、20元到现在100元、200元，甚至千元。男孩过年走一趟亲戚，常常会收到一笔不菲的红包。这些压岁钱父母并不想据为己有，但是男孩自己又没有能力支配这么多的金钱，所以如何打理就成了一个难题。

此时，父母应该考虑如何协助男孩管理好自己的压岁钱。

1.理财是帮男孩管理压岁钱的最佳方法。这种方法不仅可以解决男孩随意挥霍压岁钱的问题，还可以培养男孩的理财意识，更可以让压岁钱增值，可谓一举多得。不过现在的理财产品品种繁多，从线下到线上花样翻新，让父母眼花缭乱。如果父母对理财产品不太熟悉的话，还是选择银行理财最为妥当。银行是最传统的理财渠道，也相对安全。现在手机上各大银行APP的理财服务也非常齐全，父母们可以为男孩选择一家信赖的银行打理他的压岁钱，帮助他踏上理财之旅。

2. 鼓励男孩为自己购买保险。现在市面上的保险品种繁多，有少儿医疗险、少儿意外险和少儿教育险等。不同的险种有着不同的理财保障功能，父母可与男孩一起挑选最适合的险种。如果男孩未来的规划是出国留学，那么可以选择教育类险种。需要注意的是，为男孩选择保险的时候，要根据家庭的实际情况和男孩实际年龄来考虑，不可盲目选择。

3. 鼓励男孩养成记账的习惯。某些记账 APP 非常好，父母可择优选之，并要指导男孩。把压岁钱的理财收益和平时的花费输入记账 APP 页面，每月便会显示出男孩当月理财的基本情况。像这样的记账是人生理财最重要的一步，也是"财商"的表现形式之一。

4. 利用压岁钱感恩。父母可征求男孩同意后，用他的压岁钱为长辈们购买礼物，以培养男孩的感恩之心。对于男孩来说，压岁钱并融入了长辈们对自己浓浓的爱。因此，如果带男孩去长辈家做客，男孩也应该适当表达对长辈的回报，用压岁钱购买礼品就是男孩学会感恩回报的开始。

5.表达对社会的爱心。拿出一小部分压岁钱做慈善，可以培养男孩的爱心和对社会的责任感，让男孩明白社会中还存在很多弱者，他们需要帮助。在帮助他人的过程中，可以帮助男孩获得成就感，同时也可让他了解金钱的积极意义。

通过引导男孩管理好压岁钱，是父母培养男孩"财商"的非常好的机会。在管理压岁钱的过程中，男孩学会了合理分配金钱，这也是有出息的男孩必不可少的能力。

钱是不能说的秘密吗

培养男孩财商的第一步，就是不回避谈钱。

很多父母担心男孩染上"铜臭气"，所以总是避免在男孩面前谈钱，让金钱在他眼里变成了很神秘或是很肮脏的东西。这是因为很多父母内心对金钱是抗拒的，他们对于金钱的理解仅仅是满足生存需要的工具，抑或是金钱曾经给父母带来过伤害，如金钱使亲人的情感被稀释，周遭的朋友为了金钱反目，骗子和强盗作恶的影响……这些冲击人们心理防线的事情总是围绕着金钱，使父母对它既渴望又害怕，所以才会在你男孩面前回避谈钱。但是，每一个事物都其阴面和阳面，不能只窥其一，无视其二。

被金钱稀释情感的人，为了金钱反目的人，通过不正当手段得到金钱的人，他们共同的问题都是没有正确地认识金钱，把金钱看得高于一切，反而失去了自我，也就是我们常常提到的被金钱奴役。如果这些人从小能客观地认识金钱，便不会走上错误的道路，由此也可见财商教育的重要性。

金钱是可以很高贵的。如通过金钱可以获得大量的学习机会，参加培训班，购买更珍贵的书籍，丰富我们的知识；金钱可以带领我们去全世界旅行，增长见闻，开阔视野，获得达观的心境；金钱可以帮助我们更好地孝敬父母，为父母提供更好的医疗保障；金钱可以在朋友有经济危机的时候伸出援手，帮他渡过最困难的时刻；等等，以上都是金钱的积极意义，也是父母应当给男孩讲明的。

漫画中，男孩的母亲说："越是害怕谈钱，也许内心越渴望。"这句话也很有道理。只有大大方方谈钱，才能做到不被金钱控制。假如人们视金钱如毒蛇，为防止它在脑海中萦绕，所以闭口不提，但实际上关于钱的画面却越会跑出来，占据人们所有的思维空间。

因此，只有男孩客观地认识金钱，面对金钱保持轻松愉快的心态，他会认为赚钱是件开心的事情，并非痛苦不堪的不得不做的事情。对于金钱的心态保持乐观，有助于男孩更高效地创造更多价值；反之，若对于金钱的心态是悲观的，则容易引发男孩消极的心态。

现在社会上很多年轻人，辞掉工作，打着不被金钱绑架的幌子，逃避为社会创造价值，就是一种消极的行为体现。他们往往认为金钱是恶的，赚钱是痛苦的，结果却让自己一事无成，成了人生的失败者。所以父母从小为男孩树立正确的金钱观是非常有必要的。

钱，并不是不能说的秘密。从现在开始，请父母不要再对这个话题羞于启齿。父母应当和男孩沟通与金钱有关的话题，才能让他拥有更高的财商。

▶ 君子爱财，取之有道

父母在培养男孩财商的时候，首先是应该让男孩明白"君子爱财，取之有道"。这句话的意思是高尚的人也爱财富，只不过高尚的人需要用正确的方式方法获得属于自己的财富，只赚取正当的钱财，对不义之财则会避而远之。

相信本节中的漫画会引起父母的深思，漫画由真实的故事改编。骗子的主要手段就是让受骗人去指定地点将"捡来"的钱进行瓜分。等到受骗人跟着他去了指定地点之后，骗子同伙会出现，对受骗人进行敲诈勒索，甚至暴力攻击。这个诈骗团体劣迹斑斑，现在已被警方捉拿归案。可以想象的是，如果漫画中的男孩没有健全的财富意识，经不住诱骗，便会使自己陷入危险的境地。可见，培养男孩"君子爱财，取之有道"是十分重要的。

父母需要教会男孩分辨何为不义之财。如果男孩及早受到正确的财富教育，就会避免很多不必要的诱惑与危险。

骗子骗钱能够屡屡得逞，利用的是人的贪心和对金钱的盲目渴望。为此父母一定要提醒孩子戒除贪心，并要学会分辨骗子。如果一个行为鬼祟的人告诉你"天上掉馅饼"了，那么他十有八九是骗子；如果一个人说你什么都不用做，就可以成为富翁，一旦你听他的指令，那么你一定会为你做的事情付出高昂的代价。

父母还可以教会孩子通过金钱观去辨别他人的人品，看看哪些人是客观看待金钱的，哪些人是无法做到这一点的。对待不同的人，可以采取不同的相处模式。比如，对于同样拥有健全财富观的人，既可作好朋友人选，也是可以合作创业的伙伴。因为这类人观念正派，能抵御金钱的诱惑，和他们的相伴、合作之路可以走得更长远。

相反，对于那些过分看重金钱得失的人，则不宜深交，因为他们会把金钱看得比朋友、合作伙伴还重，往往会做出伤害他人利益的事情。

父母像这样多对男孩进行启迪和引导，将帮助男孩建立更加健全的财富观念，全面提高财商。在不久的将来，男孩必将成为一个真正不靠"拼爹"靠"财商"的成功人士。

第九章

Chapter 9

给力家庭教育

- 好父母胜过好老师
- 妈妈唠叨，爸爸吼叫
- 爸爸妈妈也要言而有信
- 主动道歉的父母才是好样的
- 讨厌"压迫"，喜欢"商量"
- 警惕！不良嗜好的"传染力"
- 孝子不是打出来的
- 幸福的家庭使我更快乐

好父母胜过好老师

《礼记·大学》云："欲治其国，先治其家""家齐而后国治"。齐家在治国前，说明了家庭教育的重要性。古人齐家典范当属大清名臣曾国藩。

曾国藩于他的孩子们而言，既是父亲又是朋友，更是恩师。曾国藩注重言传身教，但凡要求孩子的事情，自己首先做到。曾国藩家书中还有句传世名言："吾不望代代得富贵，但愿代代有秀才。秀才者，读书之种子也，世家之

想不到你英语读得这么好，继续努力，一定会更好哦。

只要努力学，爸爸相信你一定能学会打乒乓球。

① 爸爸，打乒乓球太难了。

② 没关系，你也是好心想帮妈妈盛饭，记得下次要先摸摸碗的温度再拿哦。

儿子，我们快去把扶小朋友扶起来，看看有没有摔着。

妈妈，对不起……

小朋友，你有没有摔着？

③ ④

招牌也。礼义之旗帜也。"曾国藩对教育的重视程度可见一斑。他要求孩子一生遵从"勤、孝、俭、仁、恒、谦"六德。以俭的德行为例,传说曾国藩在吃到饭里有谷粒时从不吐掉,他会用牙齿剥开谷,吃掉其中的米,再把谷壳吐掉。古时候,大多为官者难以过三代,而曾家却传承百年。想来这与曾家一丝不苟的家教有很大的关系。

父母也应当像这样重视家庭教育。现在很多父母有个误区,认为教育男孩是老师的事儿,其实父母才是男孩真正的第一任老师,也是终身的老师。最早引导男孩认识眼前一切事物的是父母,最早鼓励男孩独立行走的是父母,最早教男孩学说话的也是父母。事实上,这些事父母一直做得很好,要知道教会男孩这些需要极大的耐心和毅力,这并不比教男孩做人更容易。然而,随着时间推移,父母似乎忽视了男孩的心理成长问题。

在男孩身上,我们总可以看到父母的影子。父母的行为和语言都可能对男孩造成潜移默化的影响。父母忽视家庭教育,男孩的行为、性格必然出现偏差。相反,父母重视男孩的教育,男孩才会成为有出息的人,就像漫画中的男孩遇到困难时,父亲的语气充满关怀和信任;对男孩的学习表现,母亲给与鼓励和肯定;男孩失误时,母亲表现的是理解和包容;在看到陌生的小孩摔倒时,母亲表现出善良与热心给孩子树立一个很好的榜样。父母把教育工作做到了位,男孩必将成长为善良、积极、自信的人。

好的父母胜过好老师,希望所有的父母都能好好思考如何做好家庭教育。在生活中,既要关注男孩的身体健康和正常的生理发育,又要重视他的心理健康和全面的素质培养,使他能够在父母的呵护和教育下快乐成长,成长为真正优秀的人才。

 妈妈唠叨，爸爸吼叫

据儿童心理问卷表明，90% 以上的孩子认为母亲太唠叨。

有的母亲明知道每天唠叨会惹男孩厌烦，可依旧"根本停不下来"。今天唠叨一遍，明天依旧重新来一次。母亲之所以这么有不厌其烦去唠叨，恰恰是出于"母爱"。在母亲心中，男孩永远是长不大的宝贝，母亲担心他做不好事情，怕他失误，怕他受伤，每天不停地为他担心，嘴上就会不由自主地唠叨起来。

① 快起来别迟到，记得刷牙，吃早餐，要洗手，面包吃了没？你的书、你的笔、你的作业本，你的壶，你的包，你的午饭钱、你的鞋、你的表、你的公交卡，统统带了吗？你回来，别跑……

妈妈，都带了！

儿子，你真乖。是不是妈妈太唠叨了？

妈妈，我知道了。该带的都带了，您看！

②

爸爸，这题怎么写？我不会……

自己动脑筋！！！

知道了，爸爸。我会动脑筋自己想的。

③ ④ 嗯。是不是爸爸太凶了？

这固然出于母亲的一片爱心，可是也会让男孩感到不堪重负。

对于母亲的唠叨，不同个性的男孩会有不同的反应。有的男孩会奋力反抗，对母亲不再尊重；有的男孩会把母亲的唠叨当作空气，充耳不闻。相信这些反应都不是母亲想看到的。想要改变现状，就需要母亲走入男孩内心世界，与男孩共情，而不要总是唠叨，这样会对亲子关系有很大的帮助。

至于父亲喜欢训斥男孩的原因则有很多，其中可能包含：1.自身压力较大，没有宣泄渠道，一旦男孩靠近父亲便成了"出气包"；2.母亲过于宠爱男孩，让父亲感觉被忽视而产生不适应感；3.男孩的行为确实不当，需要父亲的指正。也许每天有太多的事情使人无法淡定，但是父亲需要学会控制自己的情绪，总靠吼叫教育孩子的效果并不好，伤男孩伤自己，还会破坏亲子关系。最好的办法是和男孩沟通，耐心指正存在的问题。

据科学研究证明：孩子智商太多遗传自母亲，性格受父亲影响更大。父亲喜欢吼叫，脾气暴躁，常常训斥和责骂男孩很容易导致他的自尊心受损，个性易狂躁不安。所以父亲应多一些耐心，再忙都需要抽一部分时间与男孩联络感情。父亲参与到教育中来非常重要，做甩手掌柜是非常不利于父子感情的。父亲应多和男孩互动，了解男孩喜好，与男孩相处会更加轻松。

总之，"妈妈不唠叨，爸爸不吼叫"，应成为家庭教育的口号，我们希望父母能知行合一。向漫画中的父母学习，管理好自己的情绪，当察觉自己情绪不对劲的时候，问问自己："我是不是又唠叨了？""我为什么会愤怒？""这些事怎么样才能得到更好的解决？"习惯吼叫的父亲和喜欢唠叨的母亲都要常常与自己对话，也可以更加大胆地尝试与男孩探讨内心的困惑。也许男孩并不能给自己有用的意见，但是在父母叙述困惑的过程中，思绪得到了整理，也许就能自行找到答案，而男孩也能产生参与感和被父母重视的存在感。

幸运的是，男孩年纪还小，父母之前做过的一些破坏与男孩亲子关系的行为，都来得及修复。只要父母注意方式方法，一定可以和男孩共同创造一个融洽的家庭氛围。

 爸爸妈妈也要言而有信

　　富兰克林曾经说过："失足,你可以马上恢复站立;失信,你也许永难挽回。"的确,承诺在家庭教育中非常重要。父母不经意的承诺,男孩可能会铭记心中。父母如果一次又一次不兑现承诺,让男孩失去信任感,就很难挽回男孩对父母的发自内心的尊重,更可能会让男孩也开始变得不讲信用。

　　有这样一个关于父母以身作则、信守承诺的故事。故事的主人公是曾子,

爸爸,您不是说带我去九寨沟吗?

最近太忙了,下次让妈妈带你去吧!

①

爸爸,九寨沟可真美。

是真美,等你放假带你去玩。

②

妈妈,爸爸说让您带我去九寨沟。

别闹,妈妈可忙了。

我想问一个问题,如果我以后说话不算话,爸爸妈妈会怎么样?

对不起,我们应该说话算话。爸爸妈妈在网上看看行程,计划一下吧。儿子,准备出去玩儿咯!

③

④

他是孔子的学生，为人最为重诺。有一次，曾子的妻子要到集市上买点东西，曾子的儿子哭着一定要跟着去。但是儿子年龄尚小，加之集市太远，妻子实在不方便带上他，只好哄骗他："你乖乖在家，我回来就让爸爸杀猪给你吃肉。"等妻子回到家中，发现曾子正在磨刀准备杀猪，连忙阻止："你这是做什么？我只是随口对儿子说说的，你还真杀猪啊？"曾子道："答应孩子的事情一定要做到，不然孩子就学不会信守承诺了。"这便是历史上有名的"曾子杀猪"的故事。这个故事教育世人要言而有信、诚实待人，同时也说明父母的言行对孩子的影响很大，父母要做到真诚待人，不欺骗他人，否则将会把男孩教育成一个说话不算话的人。

为了避免出现对男孩"说话不算话的"的情况，父母应该怎么做呢？

首先，父母不可做盲目的承诺。比如，父母在物质上做出承诺，要考虑到家里的经济情况，不能头脑一热便对男孩做出超出家庭经济情况的承诺；父母也不能满口答应时间上不允许的活动，父母对自己的生活和工作的时间需要做一个很好的规划，尽量保证言出必行。

如果眼前的工作非常忙碌，出现和对男孩的承诺有冲突的情况，父母可以这么对男孩说："爸爸妈妈很想带你去，但是我们都很忙，如果丢下工作我们会觉得很难心安，所以这个旅行我们不能百分百确定，但是你能感受到爸爸妈妈真的想带你去的心意，对吗？"

像这样尊重男孩的意见，与男孩平等对话，得到的回应通常是让人满意的。男孩会期待旅行，但是也会愿意接受不一样的结果，因为他理解父母确实有难处，而不是故意不守承诺。

同样，在男孩提出要求时，父母如果做不到，也不要因为害怕他失望而不敢拒绝他的请求，否则随口许诺最终又毁约，只会让他感到更加失望和气愤。因此，父母要向男孩阐明不能同意的理由，只要合情合理，男孩是能充分理解父母的。反之，父母如果能够做到，就可以答应孩子，然后努力确保一定要做到，这样才能教会他什么叫"言而有信"。

▶ 主动道歉的父母才是好样的

　　"人非圣贤，孰能无过。"的确，谁都可能会犯错，但是犯错后能意识到自己的错误，并勇于改正，却并不是容易做到的事情。有的父母在明知自己做错了的情况下还坚持不肯向孩子道歉，这种情况在现实生活中并不少见。

　　父母为什么不愿意向孩子道歉？

　　一方面可能是因为拉不下面子。父母在家中一直都是权威者的角色，有句话叫作"入戏太深"。在家庭里扮演"权威者"角色久了，很难从这个角色

> 都说不能摘了。

> ①
> 你不能那么做，花是用来欣赏的。
> 我偏要摘。

> ②
> 你怎么打人啊？教你多少回了不能欺负小朋友……
> 不是这样的。我不让他摘花，他先动手推我，我才……

> 对不起，刚才爸爸妈妈误会你了……
> 没关系……

> ③ ④

里走出来,总是希望男孩崇拜自己,哪怕内心明明知道自己错了,也不愿意承认。

另一方面,很多父母也忽视了道歉的意义。他们存在错误的思维定式,认为道歉是"低人一等"的表现,可事实却恰好相反。能够意识到错误,主动表达歉意是一种拥有较高修养的体现,说明他们能顾忌他人感受,具有更高的自我觉察力,而这也会让孩子受到良好影响。相反,拒不道歉,只会让孩子有样学样,变成固执、不讲理的人。

所以,父母发现自己犯错后应向孩子道歉。道歉的形式有很多,但是不论用哪一种办法,务必让男孩感觉到父母是诚恳、认错的。

比如,父母可以直接表达歉意。在错怪男孩时,可以对他说:"对不起,爸爸妈妈误会你了,爸爸妈妈应该先弄清楚原因,不该冲动。冲动真的太伤人了,对吗?"听到这样的真诚的话语后,男孩的回答一定是肯定的。

如果父母实在无法尝试这样直接道歉的话,还可以考虑以间接的方式道歉。比如,在"误会男孩事件"已经发生了一段时间后,男孩的情绪恢复了平静,父母可以寻找契机向男孩表达内心的歉意,"爸爸妈妈也不喜欢乱摘花的小朋友,花是供大家一起欣赏的,怎么能图自己开心把花摘走呢?所谓'独乐乐不如众乐乐',儿子你说对吗?"父母通过含蓄的表达,肯定了男孩阻止摘花小孩的出发点是善意的,也能让男孩的心灵得到安慰,他往往就会原谅父母之前对他的误解了。

父母可千万不要忽视了这些道歉的行为,他们具有很多积极意义。比如,可以提供亲子沟通的机会,在沟通的过程中,父母和男孩能更加了解彼此的想法。男孩能在父母承认错误并为之道歉的行为上,对父母的人品有很多正面的评价,他会认为父母是光明磊落、心胸宽广的人,会更加崇拜父母,也会更乐于接受父母的教导。

需要提醒的是,为了让道歉产生最好的教育效果,父母应注意既不能因为害怕男孩的情绪波动而毫无理由地道歉,也不能为了取悦男孩没有原则地随意道歉。父母的歉意需要是发自内心的,不能敷衍了事,要让男孩通过父母真诚的态度,学会做一名坦荡荡的君子。

▶ 讨厌"压迫"，喜欢"商量"

"我是为你好，你怎么就不明白？"许多父母都是这样向男孩抱怨的。可是，在强迫男孩按照自己想法去做许多事情的时候，到底是谁的需求得到了满足？其实是父母自己。以漫画中故事为例，在强迫男孩去"穿母亲认为更暖的衣物""吃完碗中母亲认为足够多的饭""练母亲认为时间上足够的琴"等事情时，其实是母亲在满足被需要的内在心理活动。她需要通过自己不断的强

你碗里的饭一定要吃完！

妈妈，我就是不想吃了。

要穿秋裤，不然以后老了会有老寒腿，今天不穿不准出门。

①

可我不想穿，我讨厌秋裤。

②

你多吃饭，就会长个儿，很快就可以超过爸爸妈妈呢。我们一起多吃一点儿，可以吗？

嗯，可以。我们一起再吃一点吧。

儿子，你看这样行吗？我们先练琴，练累了再看会儿电影，好吗？

那，好吧。

③　④

迫施与关怀，获得一种被需要的体验，但这种行为在很多时候却让男孩感觉自己好像还是婴儿。是的，在婴儿期，母亲都被百分百依赖和需要，她们的母性角色获得了最大的认可。但男孩却会长大，会不希望一直被婴儿般地对待，会需要获得更大的"成人感"，于是矛盾便出现了。每一次母亲对男孩生活习惯上的强迫好像是一场战争，母亲不认为男孩能照顾好自己，而男孩认为母亲的管束很多余。当然前后两者都不是真相，但是如果在母亲和男孩眼中的感受就是如此，亲子间的矛盾难免会越来越深。

压迫就像弹簧，压得越低，弹得越高。这个比喻用来形容亲子之间的压迫性的语言和反抗性的行为再合适不过了，但父母实在没有必要把这份关系处理成"战斗模式"。有趣的是，我们会发现在亲子课堂上，当父母被问到对男孩最好的教育是什么的时候，他们的回答往往都令人满意："让男孩做自己。"这说明父母并非不知道怎样做才是对的，但是一旦落实到行动上，却总是背道而驰。

因此，父母很需要做一下自我反省：不要把意见演变成控制。意见和控制到底有哪些区别？意见是提出一个以自身经验为前提的自认为于对方有益的想法，分享给对方，而对方行动与否取决于他自己的想法，仅此而已；控制是指默认对自己有用的经验也一定于对方有超乎寻常的帮助，并严格监督对方执行，如若对方无法按要求完成，就穷追不舍，但效果往往很不理想，有时甚至会出现反效果。拿男孩吃饭的例子来说，当父母强迫男孩吃饭的时候，男孩往往吃不下多少，甚至会越来越不爱吃饭。如果换成商量的口吻呢？父母可以试试说："你多吃饭，就会长个儿，很快就可以超过爸爸妈妈呢。我们一起多吃一点儿，可以吗？"相信听到这样的话语后，男孩一定是乐意吃饭的。所以，父母们，请把压制的口吻变成商量的语气吧，效果会截然不同。

在压制型的家庭教育模式下，我们看到的男孩总是郁郁寡欢或者狂躁不安，这对健康成长极为不利。所以，父母需要调整好心态，多给男孩一些自己做选择的权力，家庭的相处才会温馨而快乐。

警惕！不良嗜好的"传染力"

我们经常提到教育联盟的重要性，即家长和老师互相配合共同辅助男孩成长，可以产生最理想的效果。其中，家庭教育的作用尤为重要。当男孩在家中受到良好的教育，他们在学校接受老师教育的效果会事半功倍；反之，如果男孩的家庭教育环境是恶劣的，他们在学校接受老师教育的效果会大打折扣，学校教育的难度会大大增加。

和了。

① 和了。

② 今天我们来玩搭积木，看谁搭得好。男孩把积木当成麻将了，您以后在生活中要为男孩树立好的榜样才是啊。

真不能在家打麻将了，会影响我儿子的学习的。

好。一定注意。

③ ④

作为男孩最亲近的家人，父母与男孩接触的时间最长，一言一行都会对男孩产生潜移默化的影响。而男孩天性活泼、爱玩、自制力较差，又加上对新鲜事物充满好奇心，很容易受到身边人的影响。如果父母不能够严格要求自己，终日沉迷于打麻将、抽烟喝酒、玩游戏等不良嗜好中，必然会对男孩造成极大的负面影响。

因此，父母必须引起重视。作为男孩能够直接模仿的榜样，父母首先应当做到"洁身自好"，戒除一些不良嗜好，也不要经常邀请一些有不良嗜好的朋友到家中做客。父母还应当努力提升自己的素质和修养，并经常反思自己在家中的言行，先让自己成为一个堪称优秀的人，才有可能对男孩发挥积极的影响作用。

在业余时间，父母切不可一味地沉湎于玩乐，无论是多忙、多累，都不能放纵自己，可以培养一些健康有趣的兴趣爱好作为消遣，如阅读书籍、倾听音乐、欣赏电影、打理园艺、参加体育运动等，并鼓励男孩一起参加。如果父母本身文化水平不高，还应当努力学习各方面的知识，如可以使用微博、微信等新媒体汲取新知、开阔视野，这样在教育男孩时才更能得到男孩的信服，并可以树立起一个好的榜样，让男孩可以模仿。同时，父母还要适当引导男孩培养正确的兴趣爱好，及时纠正一些不好的倾向，并营造优雅、安静的家庭环境，以利于男孩情操的熏陶。

良好的家庭氛围是培养男孩健康人格的基础。希望父母都能严格要求自己，用良好的爱好来影响孩子，把亲子时光打造得丰富多彩又充满意义，让孩子也能在美好的家庭氛围中快乐、健康地成长。

孝子不是打出来的

许多为人父母者将上一辈过于严格的教育方式"传承"到了男孩身上。如"棍棒底下出孝子""男孩不打不成才""严加管教出君子""父慈于家有败子"等。这些名言警句，不论是民间流传还是出自大师之口，一定有其道理，但是许多父母似乎只理解其字面意思。这类父母往往以"严"为尊，以权威式的不容置疑的态度去管教男孩子，他们的惯性思维便是男孩的思想与行为一定要在自己的控制范围之内，无法容忍男孩对自身"权威感"的任何挑衅，男孩如果胆敢越雷池一步，他们就会用打骂的方式让他屈服。

他们固执地认为，体罚能够让男孩尊敬权威，激发良好行为，是负责的家庭教育中不可缺少的部分。但是，一些专家认为，有的体罚接近虐待，是错误的，不但会伤害男孩的身体，还会刺痛心灵，甚至会激起他对父母的仇恨。严重时，他还会模仿父母的行为，对他人进行暴力伤害。

父母对男孩使用家庭暴力，还会让男孩感到恐惧。这类男孩往往没有安全感，不认可自己，认为自己是不被接受的孩子。正是因为体罚有这么多害处，现在社会各界才会越来越关注"家庭暴力"的问题，像每年的 4 月 30 日就成了一个特殊的节日——"国际不打小孩日"。这个节日是由美国民间反体罚组织有效管教中心于 1998 年发起的，也有人将这个节日翻译成"无巴掌日"或"拒绝体罚日"。

美国儿童科学会的儿童与家庭心理健康专业委员会极力主张父母们不要使用体罚手段。作为替代，委员会建议父母学会使用引导方式，例如教育男孩时使用温和的语言表达情感，并给他们自由选择的权力，帮助他们估量结果，塑造规范行为以及通过合作解决矛盾。

同时，父母还应学会使用表扬、奖励的方法来鼓励希望孩子产生的行为，也可使用口头批评、"暂停"（给男孩一个冷静下来的机会而采取的短暂隔离）或撤销特权等方法来阻碍不希望他出现的行为。当然，所有这些都应建立在一种积极的、支持性的和充满爱的亲子关系的基础之上，才是对男孩成长最有裨益的。

幸福的家庭使我更快乐

对男孩来说，家庭是他在人生中的第一站，也是他的第一所学校，他将在这里接受最早、最直接、影响最深的教育。作为父母，就一定要打造好家庭这个"校园"，要让男孩在温暖的家庭氛围中成长，他才更容易获得健全的品格和高尚的美德。

就像这四幅漫画，虽然内容平实简单，但每一幅画面都是幸福家庭该有的模样，男孩在这样的家庭长大，自然会感到十分快乐。

那么，父母如何为男孩打造幸福的家庭氛围呢？

1.增加亲子共处的机会。漫画中的一家人经常一起锻炼身体，一起玩耍，相处得其乐融融。父母疼爱男孩，男孩敬爱父母，一家人相亲相爱、和和气气，家庭氛围是十分温馨的。生活在这种环境中，男孩的心中会充满爱和阳光，能够成长为积极向上、乐观善良的人。

2.增加隔代相亲的机会。父母可以多带男孩与隔代长辈相处，以培养他尊敬老人、孝顺长辈的美好品质。父母更应该以身作则，照顾好爷爷奶奶、外公外婆，男孩可以观察到父母对老人的关心和爱护，从而建立良好的家庭观念。而且祖孙三代在一起，让人能感受到生命传承的美妙，这样家庭氛围越和谐，男孩越容易感到快乐。

3.增加心灵交流的机会。亲人之间深层交流，袒露内心想法，有助于增进亲子关系。如父母和男孩可以自由地谈及健康、朋友、家庭、自由、教育、感受、自然环境等话题，并思考和发现其中的积极面，这能够帮助父母了解男孩的想法，有助于打破"代沟"，让家庭成员可以体验到更多的幸福。

4.增加分担压力的机会。没有谁的生活会是一帆风顺的，现实中无论父母还是男孩都会遇到不顺利的情况，也会感受到不少压力。对此，父母可以多和男孩沟通，在互相倾诉中，家人可以彼此分担压力，共同面对逆境，有助于提升家庭幸福感。

每个人都可以拥有一个幸福的家庭，只要我们愿意并努力经营，就能让家庭氛围变得更加美好温馨。希望每一位父母都可以为男孩提供一个充满爱和幸福的家庭氛围，都可以教育出有出息的男孩。